小书本 大世界

这些名著你应该品读

ZHEXIE MINGZHU NI YINGGAI PINDU

崔钟雷　主编

吉林美术出版社 | 全国百佳图书出版单位

图书在版编目（CIP）数据

这些名著你应该品读/崔钟雷主编. —长春：吉林美术出版社，2010.7（2022.1重印）

（小书本大世界）

ISBN 978-7-5386-4430-2

Ⅰ.①这… Ⅱ.①崔… Ⅲ.①推荐书目-世界-青少年读物 Ⅳ.①Z835-49

中国版本图书馆CIP数据核字（2010）第120868号

策　划：钟　雷
责任编辑：栾　云

这些名著你应该品读

主　编：崔钟雷　　副主编：王丽萍　刘　超　那兰兰

吉林美术出版社出版发行
长春市人民大街4646号
吉林美术出版社图书经理部（0431-86037896）
网址：www.jlmspress.com
北京一鑫印务有限责任公司

开本 787×1092 毫米 1/16　印张　10　字数　95千字
2010年7月第1版　2022年1月第4次印刷
ISBN 978-7-5386-4430-2
定价：35.80元

版权所有，侵权必究。

前言

漫漫的人生被时光所雕琢，留下一些斑驳的影子，那正是人生路上一些宝贵的哲理和智慧。细细地体会这些从平凡人生中所升华出来的道理，让它们伴你走过烂漫的成长岁月，愿它们像一把金钥匙，开启你未来的希望和理想之门。为此，我们精心编写了这套"小书本大世界"系列丛书。

这套丛书版式精致，内文精练，文辞优美，含义隽永；包括成长哲理、励志故事、性格培养、心灵感悟等内容，一篇篇短小精悍的故事向你所展示的是我们畅游的广阔无垠的大世界，是我们从生命中体会感悟的大智慧，是我们为之不断努力和拼搏的大未来！这些哲理、智慧和感悟，恰如一个个音符，敲响你生命的乐章！拥有它们，会使你受益终生，就像一双羽翼丰满的翅膀，伴你翱翔在未来的天空！

小书本 大世界

中国文学

诗经	8
论语	11
庄子	14
楚辞	16
史记	19
文选	21
水浒传	24
三国演义	30
西游记	36
聊斋志异	42
红楼梦	46
老残游记	53
子夜	56
骆驼祥子	59
雷雨	63
家	66

外国文学

荷马史诗	70
莎士比亚全集	73
鲁滨逊漂流记	77
唐璜	80

简·爱	83
呼啸山庄	86
红与黑	89
欧也妮·葛朗台	93
巴黎圣母院	96
基督山伯爵	101
茶花女	105
汤姆叔叔的小屋	108
飘	111
少年维特之烦恼	114
安娜·卡列尼娜	118
复活	121
钢铁是怎样炼成的	126
神曲	129
堂吉诃德	133
泰戈尔诗选	136
包法利夫人	140

这些名著你应该品读

中国文学

程子曰:"读论语,有读了全然无事者;有读了后其中得一两句喜者;有读了后知好之者;有读了后直有不知手之舞之足之蹈之者。"
　　　　——朱熹《论语集注·论语序说》

诗 经
——集体创作

相关介绍

《诗经》是我国古典诗歌的两大源头之一，它的作者来自社会各阶层，产生的地域也很广。除了周王朝乐官制作的乐歌与公卿、士进献的乐歌，还有许多原来流传于民间的歌谣。这些民间歌谣是周王朝派专门的采诗人到民间搜集而得的，用以了解政治教化和风俗的盛衰利弊。各诸侯国乐师以唱诗、作曲为职业，也搜集歌谣来丰富他们的唱词和乐调，诸侯又把这些乐曲献给天子，这些民间歌谣便汇集到朝廷里了。各个时代从各个地区搜集来的乐歌，一般是保存在周王室的乐官那里的。搜集、整理和制作民歌，也是周王朝的文化事业之一。

背景介绍

《诗经》是我国最早的诗歌总集，反映西周初年（公元前11世纪）到春秋中叶（公元前6世纪）五百多年间的古代社会生活，共305篇。按作品的不同乐调可分为"风""雅""颂"三大类：《风》指国风，就是各诸侯国的民间乐曲，包括周南、召南、邶、鄘、卫、王、郑、齐、魏、唐、秦、陈、桧、曹、豳15个诸侯国的民歌，共160篇；《雅》是西周京畿正音，分《大雅》31篇和《小雅》74篇，共105篇；《颂》是朝廷祭祀鬼神和赞美功德的乐歌或舞曲，分《周颂》31篇、《鲁颂》4篇、《商颂》5篇，共40篇。各篇的作者大多不可考。这些作品经过长期的积累，相传大约在春秋末年由孔子重新编订，作为其学生的教科书。先秦时代统称为《诗》或《诗三百》，到了汉代，儒家把它奉为经典，才称为《诗经》。

内容概述

《诗经》歌咏的内容很复杂,由于诗歌的性质不同,描述的内容也相应有所不同。

《周颂》是周王室的宗庙祭祀诗。除了单纯歌颂祖先功德以外,还有一部分是春夏之际向神祈求丰年或秋冬之际酬谢神的乐歌。如《丰年》中唱道:"丰年多黍多稌,亦有高廪,万亿及秭。为酒为醴,烝畀祖妣,以洽百礼,降福孔皆。"而《噫嘻》则描绘了大规模耕作的情形:"噫嘻成王,既昭假尔,率时农夫,播厥百谷。骏发尔私,终三十里。亦服尔耕,十千维耦。"

西周后期,戎族侵扰,诸侯兼并,社会剧烈动荡。《大雅》《小雅》中产生于这一时期的诗,有很多批评政治的作品。如《瞻卬》中说:"人有土田,女反有之;人有民人,女覆夺之。此宜无罪,女反收之。彼宜有罪,女覆说之。"

《诗经》中更多的政治批评诗,表达了作者对艰危时事的忧虑,对统治者的强烈不满,反映了赋税繁重、政治黑暗、民不聊生的社会现实。如《十月之交》写道:"烨烨震电,不宁不令。百川沸腾,山冢崒崩。高岸为谷,深谷为陵。哀今之人,胡憯莫惩?"

《诗经》中关于战争和劳役的作品也很多。《小雅》中的《采薇》《杕杜》《何草不黄》,《豳风》中的《破斧》《东山》,《邶风》中的《击鼓》,《卫风》中的《伯兮》等,都是这方面的名作。这些诗歌大都从普通士兵的角度来表现他们的遭遇和想法,着重歌唱对于战争的厌倦和对于家乡的思念。其中《东山》写出征多年的士兵在回家路上的复杂感情,在每章的开头,他都唱道:"我徂东山,慆慆不归。我来自东,零雨其濛。"又如《卫风·伯兮》:"伯兮朅兮,邦之桀兮。伯也执殳,为王前驱。自伯之东,首如飞蓬。岂无膏沐?谁适为容!其雨

其雨,杲杲出日。愿言思伯,甘心首疾。焉得谖草,言树之背。愿言思伯,使我心痗。"这首诗是以女子的口吻写的。她既为自己的丈夫感到骄傲,因为他是"邦之桀兮",能"为王前驱";又因丈夫的远出、家庭生活的孤寂而痛苦不堪。

在《国风》中,最集中的是关于恋爱和婚姻的诗。《召南·野有死麇》:"野有死麇,白茅包之,有女怀春,吉士诱之。""舒而脱脱兮,无感我帨兮,无使尨也吠。"一个打猎的男子在林中引诱一个"如玉"的女子,那女子劝男子别莽撞,别惊动了狗,表现了又喜又怕的微妙心理。《邶风》中的《谷风》,《卫风》中的《氓》,是最著名的两首弃妇诗。《诗经》中写恋爱和婚姻问题的诗,内容丰富,感情真实,是《诗经》中艺术成就最高的作品。

点评

《诗》,可以兴,可以观,可以群,可以怨;迩之事父,远之事君;多识于鸟兽草木之名。

——孔子《论语·阳货》

诗三百,一言以蔽之,曰:"思无邪"。

——孔子《论语·为政》

三百零五篇,孔子皆弦歌之,以求合韶、武、雅、颂之音。

——司马迁《史记·孔子世家》

论 语
——孔子弟子及其再传弟子

相关介绍

孔子（公元前551年~公元前479年）是我国历史上伟大的思想家、政治家、教育家，也是春秋末期儒家学派的创始人。

孔子在政治上主张严格遵守"礼"的规定，还特别强调"仁"。他认为"仁"就是"爱人"，并提出"己所不欲，勿施于人"等观点。

孔子对我国古代教育事业作出了重大的贡献。他开创的私人学堂，弟子达3 000人，这在我国教育史上具有划时代的意义。在教学方面，他也有很多重要的经验。例如，注重"因材施教"，主张学习知识要"温故而知新"，学习态度要"知之为知之，不知为不知"，还主张要把学习和思考结合起来，如"学而不思则罔，思而不学则殆"等。

背景介绍

《论语》是孔子弟子及其再传弟子关于孔子言行的记录，是儒家经典名作之一。当时，他的弟子各有所记。孔子死后，他们及其再传弟子把所记录的言行汇集起来，取名为《论语》，最后编订于战国初期。

《论语》是一部语录体散文，大部分记言，小部分记事，只有极少数篇章是比较完整的文章。全书20篇，共512章，约一万五千余字。篇与篇、章与章之间没有内在联系，篇名题目用的是每篇开头的几个字。

《论语》表达的思想也就是孔子的基本思想。

内容概述

《论语》内容相当广泛，涉及到哲学、政治、文学、教育、伦理等，但都始终贯穿着孔子"仁"及"礼"的思想学说。

"仁"是孔子思想的核心，也是他心中追求的最高理想。他认为，"仁"即爱人。只有仁者才能成名，才能除恶，成为一个完人。他无时无刻不在教导人们努力求"仁"。他评价人物也是以"仁"为标准，认为通过努力学习、加强修养、勤于实践是可以达到"仁"。

在学习方面，孔子认为，知识要经常复习，温故才能知新，勤学多思才能有所获。要经常与朋友切磋，要向贤人学习。在知识的积累中，不断明白事理，最终是为了掌握做人的道理。好的学生应该以学习为乐，并且要"知之为知之，不知为不知"，注意实践应用，做到学无常师，持之以恒。

交友方面，他建议，要交直言多闻的益友，不交谄佞伪善的损友，要以友扶仁。与朋友交往，要言而有信。

他特别强调修身养性的重要性。涵养德性，应该"吾日三省吾身"，知过必改，善于择善而从之，重德轻财，把道德品质修养放在第一位。要达到"仁"，具体的要从孝顺父母做起，以孝求忠，忠于事业，忠于君主，忠于朋友，成为一个具有温、良、恭、俭、让多种美德的仁人君子。要安贫乐道，进而治国安民，做一个君子贤儒。

为政，孔子认为，要以尧、舜、禹、周文王、周武王为榜样，为政以德，实行仁政。为政者要有很高的道德修养，能做到豁然大度，谦逊好学，知人善任，举贤才，去小人，推己及人，实事求是，并有临大节而不可夺的精神。为政，还必须把教化放在首位，重视诗教礼乐对情感的陶冶作用，目的是用孝敬信勇等道德教化人，提高人的道德素质。为政要勤政、爱民，取信于民。为政以德，做到"博施于民而能济众"，达到"老者安之，朋友信之，少者怀之"的状态，坚决反对暴政和恣伐。

在教育方面，他主张因材施教，有教无类，教学相长，采取启发式教育，提高学生的道德修养，在学业上取得进步。

在经济上，他主张"周急不继富"，人们有必要学会理财经商，认为富与贵是人之所欲也。即使孔子自己也愿意为创造财富而做些具体工作。但强调求富应受义的制约，要见利思义，不可见利忘义。经商要以诚信为准，遵守信誉，取信于人。

孔子"不语怪、力、乱、神"，紧紧把握现世，不求神，不信鬼，重视人为，在政治上、生活上、学习上始终持积极向上的态度。

点评

程子曰："读论语，有读了全然无事者；有读了后其中得一两句喜者；有读了后知好之者；有读了后直有不知手之舞之足之蹈之者。"

程子曰："今人不会读书。如读论语，未读时是此等人，读了后又只是此等人，便是不曾读。"

程子曰："颐自十七八读论语，当时已晓文义。读之愈久，但觉意味深长。"

——朱熹《论语集注·论语序说》

庄 子
——庄子

◆ 相关介绍

庄子（约公元前369年~前286年），名周。战国时宋国蒙（今河南商丘东北）人，我国古代著名哲学家。他轻视高官厚禄，主张"清静无为"，逃离现实，终身隐居。他继承并发展了老子哲学中唯心主义的思想，为道家思想的代表者。后世把他和老子并称为"老庄"。

◆ 背景介绍

《庄子》一书是战国时期道家学派的重要著作，反映了庄周及其弟子的思想。《庄子》一书基本上是庄子及其后学所作，成书于战国时期。全书现存33篇，分内篇7篇，外篇15篇、杂篇11篇。它上承《老子》，下启《淮南子》，是道家的一部重要著作。庄子其人其书对后世的影响非常深远。后代文人如阮籍、陶渊明、李白、苏轼、曹雪芹等在思想上、语言风格上和写作技巧上均受《庄子》的影响。

内容概述

《庄子》一书的思想内容主要有以下几个方面：全生保身，逍遥无为，全生保身是道家学说的核心。庄子对此作了系统的论述，他说：人既不能表现得有用，又不能表现得完全无用，要"处于材与不材之间"。更重要的是，要追求精神自由——逍遥无为。逍遥无为是全生保身的最高境界。人之所以不自由，一方面是由于受到外界物质条件的束缚；另一方面是由于受到自身形骸与观念的束缚，也就是由"有待"

和"有己"造成的。"有待"就是有依赖和依靠,要凭借外力;"有己"就是有私心和看重自己。所谓"至人无己,神人无功,圣人无名"就是要让真正的自我从功名利禄、是非善恶和自己的形骸、观念的限制中解脱出来,达到与天地精神独往来的境界,以获得精神上的绝对自由。

与道为一:道是庄子哲学中最重要、最基本的概念。庄子认为:道是世界的本原,是天地万物的本根,道没有具体的规定性,亦无差别对立。要实现精神上的绝对自由即"得道",有两条基本途径。一是相对主义的认识方法,即"齐物"的方法;一是直觉主义的体验方法,即"体道"的方法。

无为而治:庄子明确否定现实的社会政治制度以及文化生活,他向往远古的至德之世,在政治上主张无为而治。庄子反对当时社会上实行的仁义礼乐等社会道德与政治制度,认为这些都是罪恶与祸害的根源。他用"彼窃钩者诛,窃国者为诸侯"来说明仁义已经成了统治者窃取国家权力的手段。庄子认为:随着社会政治制度和文化的发展,人类社会的不平等及争斗也会随之产生和激化,社会政治制度和文化的发展也并不意味着人类社会是按照必然上升的进程前进。

点评

汪洋辟阖,仪态万方,晚周诸子之作,莫能先也。
——鲁迅《汉文学史纲要》

楚 辞
——屈原

❖ 相关介绍

《楚辞》是我国古代一部重要的诗歌集，是由西汉末年著名文学家、目录学家刘向编纂而成的。

它的主要作者是屈原和宋玉。

屈原（约公元前340年~前278年）名平，字原，是楚王的同姓贵族。

屈原是一位杰出的政治家。在外交方针上，屈原主张联合齐国与强秦对抗，很有远见。在内政方面，屈原主张"修明法度""举贤授能"，实行使国家富强的"美政"，对政治抱有某种理想主义的态度。

同时，屈原还是我国文学史上一位伟大的爱国诗人。屈原的作品有《离骚》《九歌》《天问》《九章》《远游》《卜居》《渔父》等。

"楚辞"是战国时期兴起于楚国的一种诗歌样式。它受《诗经》的某些影响，如《九章》中的《橘颂》，全诗都用四言句，在隔句的句尾用"兮"字，可认为是《诗经》体式的渗透。但同"楚辞"有直接血缘关系的是南方土生土长的歌谣。以前楚地歌谣仅一鳞半爪地存于历史记载中，只是到了战国中期，屈原等人的一系列作品出现在楚国文坛之后，"楚辞"才成为一种文学样式。

❖ 背景介绍

我国古代中原地区的长江流域孕育着古老的文化——楚文化。楚人很早就和中原的国家有联系，同时，它也始终保持着自身强悍的特征，因而楚人长期被中原国家看作是野蛮的异族。楚文化的兴起比中原文化迟，原始宗教——巫教的盛行可以说是楚文化落后的表现。但在其他方面,楚文化有许多地方甚至远远超过中原文化。

当时南方的楚国没有形成像北方国家那样严密的宗法政治制度,个人受集体的压抑较少,个体意识相应就比较强烈,这就造成了楚国艺术的高度发展,这是楚文化明显超过中原文化的一个方面。中原文化中,艺术包括音乐、舞蹈、歌曲,艺术主要被理解为"礼"的组成部分。与此不同,在楚国,艺术,无论娱神的还是娱人的,都是在审美愉悦的方向上发展,展示的是人的活跃的情感。就是在这样的背景下,楚地的歌谣演变成了楚辞。

汉代起,"楚辞"成为屈原等人作品的总集名。

内容概述

《楚辞》一书中选编了屈原的《离骚》《九歌》《天问》《九章》《远游》《卜居》《渔父》及宋玉的《九辩》《招魂》等名篇。

《离骚》:屈原的代表作,是带有自传性质的一部长篇抒情诗。全诗共三百七十多句,近二千五百字。"离骚"的解释有两种,一种是遭受忧患,一种是离别的忧愁。全诗大致分为两个部分。前一个部分,从开头到"岂余心之可惩",首先自叙家世生平,认为自己出身高贵,又生在一个美好的日子里,因此具有"内美"。他勤勉不懈地追求自我修养,希望辅佐君王,兴盛国家,实现"美政"的理想。但由于奸人的谗害和君王的动摇多变,使自己蒙冤受屈。在理想和现实的尖锐冲突之下,屈原表示"虽体解吾犹未变兮,岂余心之可惩",显示了其坚贞的情操。后一部分极其幻漫诡奇。在向重华(舜)陈述心中愤懑之后,

屈原开始"周流上下""浮游求女",但这些行动都以不遂其愿而告终。在诗人的最后一次"飞翔"中,屈原由于眷恋祖国而再次流连。

《天问》是《楚辞》中一首奇特的诗歌。所谓"天问",就是列举出历史和自然一系列不可理解的现象,对天发问,探讨宇宙万事万物变化发展的道理。诗中一共提出172个问题,大致次序是先问天地之形成,次问人事之兴衰,最后归结到楚国的现实政治,表现出屈原为国焦虑、失望和悲愤,却又孜孜不倦的求索精神。

点评

《国风》好色而不淫,《小雅》怨诽而不乱,若《离骚》者,可谓兼之矣!……其称文小而其指极大,举类迩而见义远。其志洁,故其称物芳;其行廉,故死而不容自疏。濯淖污泥之中,蝉蜕于浊秽,以浮游尘埃之外,不获世之滋垢,皭然泥而不滓者也。推此志也,虽与日月争光可也。

——司马迁《史记·屈原贾生列传》

史 记
——司马迁

▶ 相关介绍

司马迁（约公元前145年或前135年~?），字子长，夏阳（今陕西韩城南）人，西汉史学家、文学家。其父司马谈为西汉著名学者，精通百家，有志于论著"天下之史文"，未能如愿。父亡后司马迁继任太史，为完成父亲遗志，广泛搜集资料，于公元前104年正式开始撰写《史记》。公元前99年，司马迁受李陵案牵连下狱，被施以宫刑，精神上受到强烈打击，但他忍受巨大的痛苦，克服一己受辱之私念，将全部心血投入到《史记》的著述中。到公元前91年，司马迁终以非凡的毅力、超群的才华完成了这部史学上的伟大著作。

▶ 背景介绍

《史记》是我国文化史上的一座丰碑，是我国第一部纪传体通史，在中国散文史上也有很高的地位。上起传说中的黄帝，下迄汉武帝太初年间，前后约3 000年的历史，包罗万象，融会贯通，脉络清晰，叙事完整，其中对战国、秦、汉的记述尤为详尽。全书包括12本纪、10表、8书、30世家、70列传，共130篇，近53万字。

《史记》取材广泛，忠于史实，许多对古史的记载已为出土文物史料所证实。它语言生动，文笔简洁，饱含情感，在文学史上也有很重要的地位。在史学思想方面，《史记》体现了司马迁"究天人之际，通古今之变，成一家之言"的史学目标。《史记》试图通过史传事迹的方式来思考天人关系，通过对历史的纵横剖析和人物描写来探讨古今治乱兴衰以及人生正道，体现了作者从历史学这个独特角度来思考中国古代文化精神的深刻思想。

内容概述

《史记》是一部史学名著，又是一部文学名著。它结构宏大，内容丰富，以"实录"著称。以下介绍一些精彩的片段：

"巨鹿之战"：秦军大败赵军，赵王不得已退守巨鹿城。楚怀王派宋义、项羽、范增去救赵国。宋义按兵不动，项羽杀死宋义，被任命为上将军。项羽带兵到巨鹿，打垮了秦军。

"鸿门宴"：当项羽跟秦王朝主力大战时，刘邦攻下咸阳。项羽进关后，要与刘邦一决雌雄，故在鸿门摆下酒宴，意图在席上杀掉刘邦。为避不利，刘邦假意到鸿门向项羽谢罪，处处俯首贴耳，表示自己无意为王。喝酒时，范增暗示项羽杀刘邦，项羽没有回应。项庄舞剑欲杀刘邦，又被项羽叔父项伯阻挡了。项羽高傲自负，对刘邦消除了戒心。范增挥袖而去，断言：将来与项羽争夺天下者，必是刘邦，后来的事实果然印证了范增的预言。

点评

是非颇谬于圣人，论大道则先黄老而后六经，序游侠则退处士而进奸雄，述货殖则崇势利而羞贫贱。

——班固《汉书·司马迁传》

发愤著书，意旨自激……恨为弄臣，寄心楮墨，感身世之戮辱，传畸人于千秋，虽背《春秋》之义，固不失为史家之绝唱，无韵之《离骚》矣。

——鲁迅《汉文学史纲要》

文 选
——萧统

相关介绍

萧统（501～531年），字德施，南朝兰陵人（今江苏武进西北），梁武帝萧衍长子。幼年时聪明睿智，武帝天监元年（502年）立为太子，还没来得及即位就夭折了，谥为昭明太子。因此后人把他招聚文学之士编辑的《文选》也称为《昭明文选》。萧统在东宫做太子时，东宫藏书近30 000卷，一时"名才并集，文学之盛，晋、宋以来未之有也"（《梁书·昭明太子传》）。著名文人，如刘孝绰、殷芸、王筠等都聚集在他的周围，受到他的礼遇。他的著述除《文选》以外，还有文集20卷、《正序》10卷、《文章英华》20卷，但都已失传。后人辑有《昭明太子集》。

背景介绍

由魏、晋到齐、梁，中国文学发展形式逐渐趋于定型成熟，作家和作品数量远远超过前代。南北朝时期，文学已经成为社会上层人物必备的修养，社会对文学也更加重视。南方的乐府机构收集保存了南北朝的民歌，现存五百多首。在诗体方面，南北朝民歌开创了五、七言绝句体，经过文人创作加以提高，后来成为唐诗的主要形式之一。魏晋南北朝的文章较以史传、政论为主的两汉散文更为丰富多样。檄、碑、诔、序、记、书信等各体文章，普遍都注意辞采，追求艺术性，特别是书信，出现了不少富有抒情色彩、语言精美的作品。在表现形式方面，文章与诗歌同步，多运用骈偶手段，除了史书和一些专门著作外，大多数文章都是骈体文，甚至像《文心雕龙》这样的文学理论著作，都是用骈体文写成的。魏晋南北朝的辞赋也有重要的发展。虽然还出现过左思的《三都赋》，但汉代兴盛一时的大赋这时没落了，占主导地位的是抒情小赋。辞赋在艺术形式上比一般骈体文更为讲究，辞藻、声律、骈偶、用典这四种修辞手段被大量地使用，语言也特别工整精细。总之，魏晋南北朝是中国文学史上第一个具有文学自觉意识的朝代。与之相适应，从文艺理论角度对文学概念的探讨和文学体制的辨析日益精密。这一时期出现了《典论·论文》《文赋》《文心雕龙》《诗品》等文艺理论著作。

文学作品的数量众多，对它们进行分类、鉴别，满足广大阅读者的需要就成为势在必行的工作。于是一本选录优秀作品的文学总集《文选》应运而生。

《文选》收录了从先秦到梁代八九百年间130位作者的514篇各种体裁的文学作品。从全书所选作品来看，萧统有意识地把文学作品和学术著作区别开来，反映了当时对文学作品的认识已趋于明朗。由于《文选》基本上选录了前代在思想和艺术上具有代表性的文学作品，从而使得这一诗文总集成为历代文人所学习的榜样。

内容概述

《文选》是我国现存最早的诗文选集。共30卷，收录了上起子夏、屈原，下至当时的作家共130人的作品514篇。《文选》编排的标准是"凡次文之体，各以汇聚。诗赋体既不一，又以类分。类分之中，各以时代相次"，按文体分为赋、诗、骚、七、诏、册、令、教、文、表、上书、启、弹事、笺、奏记、书、檄、对问、设论、辞、序、颂、赞、符命、史论、史述、赞、论、连珠、箴、铭、诔、哀、碑文、墓志、行状、吊文、祭文等38类。各类中以诗、赋两类所收作品为最多，约占全书篇幅的一半，又按内容把赋分为京都、郊祀、耕籍等15门，把诗分为补亡、述德、劝励等23门。

《文选》选录的范围，据萧统在《文选序》中的说明，凡属经书、诸子、历史传记等一律不选，但是历史传记中的赞、论、序、述却可以选录,因为"赞、论之综辑辞采,序、述之错比文华,事出于沉思,义归乎翰藻"。这"事出于沉思,义归乎翰藻"两句,就是《文选》的选录标准。

所谓"事",是指文章所用的典故或者题材,"沉思"指深刻的艺术构思;"义"指文章的思想内容,"翰藻"则指有文采的辞藻。这反映出六朝的绮靡文风在他身上明显的影响。然而他对文学创作的思想内容和艺术形式的关系,却持折中态度,内容要求典雅,形式可以华丽,认为艺术的发展必然是"踵其事而增华,变其本而加厉";同时,他认为"夫文典则累野,丽亦伤浮",要求"丽而不浮,典而不野","文质彬彬,有君子之致"。所以《文选》所选的作品,其实并没有过分忽视内容。除了选录当时不被人重视的陶渊明的8首诗以外,还选录了《古诗十九首》和鲍照的作品18篇。同时,摒弃了那些故作高深的玄言诗和放荡、空虚的艳体诗和咏物诗。这是这部书的优点。

点评

《文选》烂,秀才半。

——民间俗谚

(萧统)太子生而聪明,3岁爱《孝经》《论语》,5岁遍读《五经》,悉通讽诵。梁武帝八年九月于寿安殿讲《孝经》,尽通大义。

——《南史》

水浒传
——施耐庵

相关介绍

关于《水浒传》的作者,有四种说法:1. 后人普遍认为是施耐庵,依据是胡应麟《少室山笔丛》。2. 罗贯中,此说见于王圻《续文献通考》。3. 施耐庵、罗贯中合作,此说见于明高儒《百川书志》,题为施耐庵集撰,罗贯中纂修。4. 施耐庵作,罗贯中续。

施耐庵,中国元末明初小说家,与刘基、鲁渊、刘亮等交往甚密。著名古典小说《三国演义》的作者罗贯中也曾经是他的弟子。据《施耐庵墓志》记载,他名子安,字耐庵,原籍苏州,后迁淮安,是元代至顺年间进士。

背景介绍

《水浒传》所描述的故事,是北宋末年宋江等人起义的始末。宋江等人起义的年代大约在宣和元年(1119年)至宣和三年(1121年),历时三年多。宋代说书技艺兴盛,在民间流传的宋江等36人的故事,很快就被说书人作为创作话本的素材,宋末罗烨《醉翁谈录》中记有小说篇目《青面兽》《花和尚》和《武行者》,说的便是杨志、鲁智深、武松的故事。

此外,有关《水浒传》话本的最早记载《石头孙立》可能也是水浒故事。

现在看到的最早写水浒故事的作品，是《大宋宣和遗事》（见《宣和遗事》），它可能出于元人之手，或为宋人旧本而元时又有增改。它所记载的水浒故事从杨志卖刀杀人起，经智取生辰纲、宋江杀惜、九天玄女授天书，直到受招安平方腊止，顺序和现在的《水浒传》基本一致。这时的水浒故事已由许多分散独立的单篇，发展为系统连贯的整体。

元代杂剧盛行，在不同地区都有大量的水浒剧本出现。施耐庵正是把这些在不同地区流传的故事汇集起来，经过筛选、加工、再创作，才写成这部优秀的古典名著《水浒传》。但由于《水浒传》歌颂的是农民起义，宣扬了反抗精神，遭到了历代统治者的仇视、禁毁和抵制。

《水浒传》继承与发展了中国古代小说与讲史话本的传统特色：作者以其高度的艺术表现力，生动丰富的文学语言，叙述了许多引人入胜的故事，塑造了众多个性鲜明的英雄形象。故事极富传奇性，情节跌宕起伏，一波未平，一波又起，变幻莫测。每一个故事的高潮，都紧扣读者的心弦。《水浒传》的语言是在口语的基础上，经过加工提炼创造而成的。其语言特色是明快、精练、准确、生动。无论是作者的描述语言，还是作品人物的语言，许多地方都惟妙惟肖，充满浓厚的生活气息。简洁明快的语言，没有滞拙的叙事和冗长烦琐的景物描写。偶有写景文字，又极精彩。《水浒传》的叙事，繁简得当，恰到好处，但同时又绘声绘色，鲜明生动。

《水浒传》人物语言的性格化达到了很高的水平，通过人物的语言不仅反映了人物的性格特点，而且将其出身、地位以及所受文化教养而形成的习惯也准确地表达了出来。鲁迅就曾经指出："《水浒传》和《红楼梦》的有些地方，是能使读者由说话看出人来的。"

内容概述

北宋末年宋徽宗当政，市井无赖高俅凭借踢得一脚好毬，竟成了殿帅府太尉。他为人奸诈，小人得志，挟私报仇，迫使禁军教头王进携母

逃往延安府，路过华阴县史家庄，收史进为徒。

史进因结识华山好汉朱武等人被告发而逃往渭州，遇提辖鲁达。鲁达与史进、李忠在酒楼喝酒时，因不满恶霸横行乡里，第二天三拳打死当地恶霸"镇关西"，后逃到五台山削发为僧。他酒醉后又大闹山门，被迫离开五台山去东京大相国寺，被派去看守菜园。鲁智深乘酒兴，倒拔垂杨柳大显神威，进而结识了禁军教头林冲。高俅之义子高衙内调戏林冲之妻，林冲怕得罪高俅，竟不敢动手惩罚高衙内。

高俅为让高衙内实现夺人之妻的目的，设计使林冲误入白虎节堂，借机将他定罪并刺配沧州。又指使差人在野猪林杀害林冲，幸得鲁智深将其救出。高俅仍不甘心，派陆谦、富安到沧州，火烧草料场，欲置林冲于死地。林冲大闹山神庙，杀了陆谦等人，雪夜上梁山。谁知梁山泊头领王伦嫉贤妒能，百般刁难，后在杨志请求下留在山上。

晁盖、吴用、公孙胜等人在黄泥冈智取了生辰纲。杨志失陷生辰纲后，晁盖等人逃往梁山泊避难。王伦还是不愿接纳，林冲忍无可忍，火并了王伦。从此，梁山泊以晁盖为首领，日益兴旺。

晁盖为报答宋江的救命之恩，派刘唐到郓城给宋江送信赠金。不料宋江外宅阎婆惜因与张文远通奸，恐被宋江识破，就用宋江串通梁山之事来要挟，宋江怒杀阎婆惜，投奔柴进门下避难，在柴进处遇到武松，二人相见恨晚。

武松离家已久，决意回家探兄，不料武大郎之妻潘金莲与大财主西门庆通奸，趁武松去东京办事之机，毒死武大郎。武松回来后，为兄报仇，杀死了西门庆、潘金莲，之后向官府自首，被刺配孟州，为给管营之子施恩报仇，武松醉打蒋门神，夺回被蒋门神霸占的快活林。

蒋门神与张都监设计陷害武松，反被武松识破追到鸳鸯楼，杀死正在饮酒作乐的张都监、蒋门神等人，潜逃出城外。他又在孔明、孔亮的山庄遇见宋江。

宋江与武松分别后，到清风寨探望知寨花荣，遭到文知寨刘高陷害。宋江、花荣大闹清风寨后，准备投奔梁山泊。路遇石勇传假信，宋江回家奔丧，花荣等人先行上了梁山。宋江回家后被捕，发配江州，路上结识了众多英雄好汉。在江州与戴宗、李逵结为好友,后因在浔阳楼题反诗,被判死刑。梁山好汉得知后,劫了法场,在白龙庙小聚义后,宋江与众人一起上了梁山。

宋江下山接父,被追捕,逃入九天玄女庙,得九天玄女所授天书。宋江被救上山后,李逵又下山欲将其母接到梁山。李逵回家路上杀了专门唬人劫道的假李逵,回山途中,过沂岭时母亲为恶虎所害,李逵独入虎穴,杀了四虎,为民除害。庆功时李逵被人认出,人们向官府告发,李逵遭到拘捕。被救后,李逵带朱富等人上山入伙。

宋江派戴宗下山找公孙胜,结识了石秀、杨雄。杨雄妻潘巧云与和尚裴如海私通,石秀、杨雄杀裴如海、潘巧云,准备投奔梁山,路过祝家庄受辱。祝家勾结官府,欺霸一方,誓与梁山泊作对。宋江带兵攻打祝家庄,两次进攻均告失利。此时,在登州发生了猎户解珍、解宝被恶霸地主毛太公诬陷入狱事件。顾大嫂、孙新与登云山头领邹渊等联合,迫使登州军马提辖孙立造反,共同劫狱救出解珍、解宝,一起投奔梁山泊。吴用利用这个机会,一方面拆散祝家庄与扈家庄、李家庄的联盟,另一方面利用孙立与祝家庄教师栾廷玉的师兄弟关系,使孙立等人进入祝家庄,里应外合,终于攻破祝家庄,军威大振。

郓城县都头雷横因受侮辱,打死白秀英,被捕入狱。都头朱仝放

走雷横,被官府刺配沧州。为邀朱仝上山,李逵趁朱仝带知府儿子观灯之际,杀死知府之子,迫使朱仝上山。朱仝恨李逵所为,不愿与他谋面,为此,李逵在柴进庄上暂住。知府高廉之妻弟殷天锡强占柴进叔父的花园,被李逵打死,柴进因此陷入死牢。宋江派戴宗、李逵去罗真人处请回公孙胜,破高廉妖法,救出柴进。卢俊义攻打东昌府,遇猛将张清,进攻受挫。宋江带兵支援到东昌府后,设计收降了张清。至此,108名好汉聚义水泊梁山。传言108人乃是天罡星、地煞星降世。英雄排座次,宋江高坐第一把交椅,从此,梁山事业发展到了顶峰。

在梁山泊庆祝重阳节的菊花会上,宋江写了《满江红》词,透露出"望天子降诏,早招安"的想法,遭到李逵、鲁智深等人的强烈反对。宋江带柴进、燕青、李逵等在元宵节潜入京师观灯,在回山途中,李逵听说宋江、柴进抢了刘太公的女儿,上山后便大闹忠义堂,砍倒杏黄旗。经过当面对证,才知道是强盗假冒宋江之名所为,李逵立即向宋江"负荆请罪",并铲除了假宋江及其同伙。燕青、李逵到泰安打擂,惊动了泰安府。朝廷派陈宗善太尉来招安。阮小七倒换御酒,李逵扯碎圣旨骂钦差。朝廷招安失败后,又用武力征剿梁山泊。梁山义军屡战屡胜。但是,宋江为争取招安,通过宿元景、李师师让皇帝知悉内情,同意招安。

宋江等好汉接受招安后,被朝廷派去征辽、征田虎、王庆,最后又去征方腊。梁山泊的头领在征方腊的过程中,死伤过半;奸臣们为斩草除根,设计毒死宋江、卢俊义。宋江临死前,怕李逵造反,也让李逵喝了毒酒。宋江死后,吴用、花荣在宋江墓前自缢。后宋徽宗梦游梁山泊,知晓真情后建立祠堂,将梁山泊好汉宋江等108人均封侯称神。

《水浒传》故事情节可分为六大部分,第一部分写鲁智深、林冲、杨志、宋江、吴用、武松、李逵等108名英雄好汉被逼上梁山的经过;第二部分写梁山起义军同官军对抗作战,后又一起受朝廷招安;第三部分写宋江等奉命征辽;第四部分写宋江等征田虎;第五部分写宋江等征王庆;第六部分写宋江等征方腊至最后失败。

《水浒传》称得上是一部农民起义的史诗,它形象地描绘了北宋末年农民起义从发生、发展直至失败的全过程,深刻揭示了当时起义的社会根源,也歌颂了起义英雄的豪情壮举,揭露了他们的反抗斗争及起义失败的内在历史原因。

点评

人有其性情,人有其气质,人有其形状,人有其声口。

——金圣叹《〈第五才子书水浒传〉序三》

三国演义
——罗贯中

相关介绍

《三国演义》是中国古代著名长篇小说,全名为《三国志通俗演义》,是罗贯中的代表作。罗贯中是元末明初人,名本,号湖海散人,山西太原人。相传是《水浒传》作者施耐庵的学生。明代贾伸明说他"与人寡合,乐府、隐语,极为清新"。罗贯中大概是一个文才卓著而又个性特异的下层文士,并且有志于建功当世。有人说,罗贯中是"有志图王者",但在明朝建立后,罗贯中的抱负落空,至此他结束了自己的政治生涯,一心致力于通俗文学的创作。他博览群书,著作颇丰,有多方面的才能,写过几十部小说、戏曲,但现存的由他编著的小说只有《三国志通俗演义》《隋唐志传》《残唐五代史演传》《三遂平妖传》和杂剧剧本《风云会》等寥寥几部。这些小说多数曾被后人增删,现已面目全非,只有《三国演义》和《三遂平妖传》基本保留着原作的面貌。除此以外,《水浒传》一书,也有说是罗贯中著或施耐庵作、罗贯中编的。

《三国演义》是我国历史上最杰出的长篇历史小说之一,它的成功,使罗贯中成为中国小说史上一位举足轻重的作家。

背景介绍

《三国演义》是中国章回小说的开山之作,它是由我国宋代和元代的讲史话本发展而来的。元末明初,城市经济的高度发展,为明代文学创作的繁荣提供了新的因素和有利条件。适应市民文化娱乐需要的通俗文学特别昌盛,从而促进了章回小说的诞生。

《三国演义》的故事很早以前就已经在民间流传了。晚唐时,三国故事已经到了童叟皆知的程度。宋元时代通过艺人的表演说唱,三国故事更为流行。根据《东京梦华录》记载,北宋时已出现了"说三分"的专家霍四究,同时皮影戏、傀儡戏、南戏、院本也有搬演三国故事的。这时的三国故事已有明显的"尊刘贬曹"倾向。宋元时代三国故事更是经常被搬上舞台。元代以三国故事为题材的平话小说《全相三国志平话》中"拥刘反曹"的倾向已很鲜明,刘、关、张等人都富有草莽气息。金元演出的三国剧目有《三英战吕布》、《赤壁鏖兵》、《隔江斗智》等三十多种。由此可见以三国故事为题材的白话小说,可能很早就产生了。现存早期的三国讲史话本,有元至治年间所刊的《三国志平话》,拥刘反曹的倾向十分鲜明,但情节与史实相违,民间传说色彩较浓;叙事简略,文笔粗糙,人名地名多有谬误,显然没有经过文人的修饰。与此同时,现存三国故事的回目即有四十多段:桃园结义、过五关斩六将、三顾茅庐、赤壁之战、单刀赴会、白帝城托孤等。此后罗贯中"据正史,采小说,证文辞,通好尚",创作出杰出的历史小说《三国志通俗演义》。《三国演义》在民间文学的基础上加入了文人创作,罗贯中充分运用《三国志》和裴松之注等史籍所提供的材料,重要历史事件都与史实相符;又大量采录话本、戏剧、民间传说的内容,在细节处多有虚构,形成"七分史实,三分虚构"的一部规模宏大、影响深远的古典历史名著。

《三国演义》洋洋七十余万字,

结构宏伟，人物众多，情节错综复杂，生动地反映了从黄巾起义到西晋统一这九十多年中，各封建统治集团间的政治、军事斗争，再现了三国时期的历史面貌。但《三国演义》不是历史书，而是一部文学巨著。作品中那些脍炙人口的故事，像桃园结义、古城会、三顾茅庐、借东风、群英会、空城计等几乎是家喻户晓的；那些闪烁着艺术光辉的典型人物，如诸葛亮、刘备、关羽、张飞、赵云、曹操、周瑜等，几乎是老幼皆知的。

《三国演义》描写战争的艺术非常高超。全书描写上百次各种类型的战争，但均不重复。从单刀匹马的厮杀到千军万马的混战，从战场上的斗智斗勇到营帐里的用计设谋，写得有虚有实，各具特色。小说在金戈铁马的争斗中，又不时穿插描写大江明月、饮酒赋诗、山林贤士等抒情场景，从而使故事有张有弛，跌宕起伏，扣人心弦。

作品构思之雄伟、活动场面之广阔、人物形象之鲜明、艺术水准之高超，在世界古典小说中无与伦比。该书中的故事和人物深入人心，在社会上产生了极其广泛而深刻的影响。

同时，随着中外文化的交流，《三国演义》的名声也远播于海外，被译成朝、越、日、英、法、德、俄等几十种文字传遍世界各大洲。俄罗斯汉学家称赞该书是"一部真正丰富人性的杰作"；法国学者认为"在历史小说中，《三国演义》是最著名的一部"；在崇拜英雄的美国社会，人们夸奖"《三国演义》是描写英雄业绩的一部早期的杰作"；英国学术界一致推崇《三国演义》为"史诗般的作品"；在日本，《三国演义》拥有十分广泛的读者群，甚至超过日本原创小说。

内容概述

《三国演义》描写了从公元184年到公元280年近百年间的魏、蜀、吴三国兴亡盛衰的历史进程。

东汉末年，朝政腐败，盗贼蜂起。有巨鹿郡张角讹言："苍天已死，黄天当立；岁在甲子，天下大吉。"拥徒众四五十万起兵造反。幽州太守出榜招募义兵，榜文行到涿县，引出三位英雄。一人姓刘名备，字玄德,本为中山靖王刘胜之后,因家道衰落,以贩卖麻鞋、织席为生;另一人姓张名飞,字翼德,以卖酒杀猪为业,收入颇丰;第三人姓关名羽,字云长,因杀人逃难江湖。三位豪杰脾性相投,相逢恨晚,乃于张飞庄后桃园祭告天地结为兄弟,当下拜玄德为兄,关羽次之,张飞为弟,聚乡中勇士五百余人,来见太守。太守大喜,令他们统兵破贼。玄德率关、张卫涿州、救青州,会同各路人马,平定了黄巾贼。朝廷论功行赏,玄德只被授定州安喜县尉。遂与关、张赴任,后因性情耿直,被人诬告,遂罢官投奔代州刘恢。

当时宦官当权,朝政愈衰,反贼又起。刘恢荐玄德为别部司马,署理平原县令。

汉灵帝中平六年,帝崩。大将军何进被宦官谋诛,袁绍等又诛杀宦官,整肃朝纲,朝廷乃召西凉刺史董卓进京。董卓兵到,废杀少帝、何太后,立陈留王刘协为帝,即汉献帝。

董卓凶残暴戾,无恶不作。他焚掠京城洛阳,劫持献帝迁都长安,百官敢怒不敢言。司徒王允与府中歌伎貂蝉定下"连环计",用美色离间董卓与其义子吕布的关系。最后董卓被吕布杀死。

青州黄巾余党又起，曹操大破之，降众三十余万，曹操择选精锐，号称"青州兵"，自此威名大震，招贤纳士，威镇山东。徐州太守陶谦为与曹操结好，派兵护送其父曹嵩及一家四十余口赴兖州。不料其部下见财起恶念，尽杀曹嵩全家逃去。曹操闻讯，哭倒于地，发起大军报仇，一路洗荡杀戮。

曹操既定大事，以刘备、吕布为心腹之患。乃听从谋士的计谋，策动刘备与袁术二虎相争。吕布乘机袭夺了徐州。刘备折兵大半，被吕布追得无路可走，只得投奔曹操，曹操荐刘备领豫州牧。袁术称帝于淮南，曹操会合孙策、刘备、吕布进攻袁术，在寿春打败袁术。当时北方的袁绍正在进攻公孙瓒，袁绍灭掉公孙瓒，声势盛极一时，袁术众叛亲离，欲投其兄袁绍。刘备乘此时机，以奉诏截击袁术为名，逃脱曹操控制。袁术败死，刘备再次占据徐州，联络袁绍，共抗曹操。袁绍与曹操决战于官渡，被曹操劫烧乌巢粮草。袁绍战败身亡，刘备战败投靠刘表，曹操平定中国北方。

刘备受蔡瑁等猜忌，屡遭暗算，驻扎于新野小县，抵御曹军。经水镜先生、徐庶等人推荐，刘备三顾茅庐而得诸葛亮辅佐，从此如鱼得水。赤壁之战后，曹操挟献帝而称魏王，用天子之仪喝令诸侯。刘备进兵汉中，老将黄忠斩曹将夏侯渊，曹操弃汉中退回许昌。刘备占领巴蜀全境，自立为汉中王，关羽败走麦城，被孙权擒杀。曹操中风身死，曹丕继位，废汉献帝，自立为帝，即魏文帝，汉灭。刘备在成都称帝。刘备不听诸葛亮、赵云劝谏，尽起大军伐吴为关羽报仇。伐吴途中，张飞被部将杀害。孙权结好曹魏，派陆逊率军迎敌，火烧连营七百里，大破刘备。刘备退到白帝城，病故。临终托孤于诸葛亮，太子刘禅继位。刘禅昏庸无能，诸葛亮鞠躬尽瘁辅佐幼主，力挽危局，直至病死于五丈原军中。

魏将司马懿深有谋略，与诸葛亮连年对敌，又设计铲除政敌曹爽，独霸朝纲。曹魏名存实亡，政权把持在司马氏手中。司马昭遣大将钟会、邓艾分兵伐蜀。刘禅投降，蜀灭亡。司马昭病死，其子司马炎继位为晋王，逼曹奂禅位，为晋武帝，曹魏灭。太康元年（公元280年），晋武帝派大将杜预率水陆两路大军进伐东吴，吴主孙皓投降，吴灭。三国归晋，天下统一。

点评

至于写人，亦颇有失，以致欲显刘备之长厚而似伪，状诸葛之多智而近妖。

——鲁迅《中国小说史略》

西游记
——吴承恩

❖ 相关介绍

吴承恩（约 1500 年~约 1582 年），明代小说家，字汝忠，号射阳山人，原籍安东（今江苏涟水），后迁居山阳（今江苏淮安）。吴承恩出生在一个由书香门第而败落的小商人家庭。他的曾祖父和祖父做过训导和教谕的学官。其父吴锐经营丝线铺。吴承恩小时候就很聪明，博览群书，诗才超群，"以文鸣于淮"，而且很喜欢神异故事，爱读"野言稗史"。据他在《禹鼎序》里回忆，他在读这些书的时候，往往遭到伯父和老师的训斥，于是藏在偏僻的地方阅读，随着年龄的增长，这种爱好更强烈了。这为他后来撰写《西游记》奠定了充分的创作基础。

吴承恩虽然文才很好，也多次参加科举考试，但始终不得志，屡试落第，直到三十多岁才补上岁贡。后来由于家庭贫困，曾经做过短期的长兴县县丞。县丞是县官的副职，根本不足以称道。这种潦倒穷困的生活，养成了他桀骜不驯的性格。他在一首词中说："狗有三升糠分，马有三分龙性，况丈夫哉！"他在穷困的晚年，依然保持着那种傲岸的个性。他给我们留下的诗文作品有《射阳先生存稿》四卷，《续稿》一卷。在他的诗、词、文中，以诗写得最好，近体诗技巧相当纯熟，尤其是长篇歌行体很在行，艺术风格近于李白。代表作有《二郎搜山歌图》。

❖ 背景介绍

《西游记》是我国古典四大名著之一，是一部在中国文学史上产生过巨大影响的长篇神话小说，是中国古代神魔小说的代表作。它那令人荡气回肠的宏伟结构，是吴承恩在对传统题材改造的基础上创作而成的。

《西游记》虽然采用了传统题材，但它却是一个时代的产物。作者生活在弘治至万历时期（约1500年~约1582年），当时，我国正处于明朝中叶，出现了一股明显的反理学统治、要求个性解放的思潮，出现了像李贽那样反传统的思想家，还有公安派那样主张直抒个人性灵的诗人和小品文作家，以及大量表现市民感情的小说和戏曲。吴承恩在《西游记》中所表现出的蔑视皇权的精神，也正是当时思想解放潮流在文学创作上的表现。当时，明代统治阶级腐朽没落，社会矛盾日趋尖锐，是政治上十分黑暗的时期。吴承恩对这种政治腐败和世风堕落十分愤慨，在这样的社会现实中，作者笔下斩邪除妖的英雄人物出现了。他敏锐地感受到与封建专制制度相矛盾的时代气息，因而形成了他创作的思想基础。

《西游记》的故事经历了一个漫长的演变历程。《西游记》所写的唐僧取经故事是由玄奘远赴天竺取经的经历演绎而成的。唐太宗贞观元年（627年），和尚玄奘不顾禁令，偷越国境，经历百余国，只身一人前往天竺（今印度）取回佛经657部。玄奘向其弟子辩机口述西行见闻，并由他整理写成《大唐西域记》。他的弟子慧立、彦琮又写成《大唐大慈恩寺三藏法师传》，记述玄奘取经事迹。为了宣传佛教并颂扬师父的业绩，他们不免夸大其辞，并插入一些带有神话色彩的故事，如狮子王劫女为子、西女国生男不举、迦湿罗国"灭坏佛法"等。此后取经故事即在社会上广泛流传，愈传愈离奇。在《独异志》《大唐新语》等唐人笔记中，取经故事已带有浓厚的神话色彩。南宋的说经话本《大唐三藏取经诗话》，开始把各种神话与取经故事串穿联起来，书中出现了猴行者。他原是"花果山紫云洞84 000铜头铁额猕猴王"，化身为白衣秀士，来护送三藏。他神通广大、足智多谋，一路杀白虎精、伏九馗龙、降深沙神，使取经事业得以"功德圆满"。这是取经故事的中心人物由玄奘逐渐变为猴王的开端。猴行者的形象多源于我国古代的志怪小说。《吴越春秋》《搜神记》《补江总白猿传》等书中都有白猿成精作怪的故事，而李公佐的《古岳渎经》中的淮涡水怪无支祁的"神变奋迅"和叛逆性格同取经传说中的猴王尤为接近。书中的深沙神则是《西游记》中沙僧的前身，但还没有出现猪八戒。到元代，又出现了更加完整生动的《西游记平话》，其主要情节与《西游记》已非常接近。由宋至明，取经故事也经常出现在戏剧舞台上。宋元南戏有《陈光蕊江流和尚》，金院本有《唐三藏》，元代吴昌龄有《唐三藏西天取经》杂剧，元末明初有《二郎神锁齐天大圣》和杨景贤的《西游记》杂剧。在吴承恩创作《西游记》以前，取经故事已经以各种形式在社会上广为流传。

吴承恩就是在这些传说、平话和戏曲的基础上，创作出了这部规模宏大的长篇神话小说《西游记》。

内容概述

话说东胜神洲傲来国海中有一花果山，山顶上一仙石孕育出一石猴。石猴在所居涧水源头寻到名为水帘洞的石洞，被群猴拥戴为王。过了三五百年，石猴忽然为人生无常、不得久寿而悲啼。经一老猴指点，石猴经南赡部洲到西牛贺洲，上灵台方寸山，入斜月三星洞，拜见菩提祖师，被收为徒，起名孙悟空。悟空从祖师处学得长生之道、七十二般变化及"筋斗云"。一日，悟空受众人挑唆，变为松树，引起祖师不快，被逐出师门。悟空回到花果山，与占山妖魔厮斗取胜，带回被掳的众猴。并使魔法将傲来国库馆里的兵器全搬进山中，操练群猴。山中妖、兽纷纷拜悟空为尊。悟空向东海龙王讨得重13 500斤的如意金箍

棒，又到幽冥界勾掉猴属在生死簿上的姓名。龙王和阎王表奏玉帝，请求降伏妖猴。玉帝派太白金星赴花果山招安悟空。悟空被授以"弼马温"之官，后来他得知此官为末等之职，一怒之下回到花果山。玉帝命托塔李天王与其子哪吒捉拿悟空，不料众神被悟空打败。太白金星再次招安悟空。

玉帝下令建造齐天大圣府，让悟空居住。又因王母的蟠桃会未请孙悟空，悟空借管理蟠桃园之机，吃尽园中大桃，又赴瑶池，喝光仙酒，吃尽

太上老君葫芦内的金丹,逃回花果山。玉帝令托塔李天王率天兵去捉拿悟空,悟空打退了众天神。南海观音差徒弟木吒助天王,亦被打败,观音又荐二郎神。二郎神与悟空大战,太上老君在天上观战,丢下金钢琢,击中悟空,众神将其押回上界,玉帝传旨处死却无法将其杀死。太上老君将悟空置入炼丹炉内烧炼,七七四十九天后,悟空踢翻炼丹炉出来,大闹天宫。玉帝请来如来佛收伏悟空,孙悟空一路筋斗云,跳不出佛掌,如来将五指化为大山,压住悟空,命土地神用铁丸铜汁饲喂悟空。

500年后,如来佛欲寻一信徒取经,使佛法永传东土。于是观音率木吒,带着袈裟、锡杖和金、紧、禁三个头箍,驾云前往。一路上收伏猪悟能、沙悟净和小白龙,劝化孙悟空,让他们共保唐僧取经。

陈光蕊喜中状元,被招为宰相女婿,任为江州州主。上任途中,被船家刘洪害死,其妻被抢,刘洪冒名赴任。陈被龙王救活,收于龙宫。其妻生子,抛于江中,被金山寺长老所救,起名江流,后又起法名玄奘。长老为其说知身世,玄奘寻见母亲,后径往京师,找外祖诉冤。刘洪被处极刑,陈光蕊还阳。玄奘入洪福寺继续修行。泾河龙王为使算卦人袁守诚预卜落空,私改降雨时辰和雨量,继而以所占失准捣毁袁守诚卦铺。袁守诚断言龙王因违旨将被唐朝丞相魏徵处斩,并让龙王向唐太宗求生路。太宗梦龙王求情,许之,命魏徵入朝随侍,使其不能斩老龙。魏徵与太宗对弈时,梦斩老龙,当晚太宗梦龙王索命,自此身心不安而患病。为防鬼祟,他令尉迟恭、秦叔宝夜守宫门。太宗不久亡故,在阴间遇魏徵旧友、现为阴间判官的崔珏,为太宗添阳寿20年。还阳途中,太宗被冤鬼纠缠,散金银给众鬼而脱身。唐太宗还魂,登朝宣布

大赦天下，严禁毁僧谤佛。众人推举玄奘主持水陆大会，太宗许之。观音菩萨变成疥癞游僧，将锡杖袈裟献给太宗，太宗将其赐予玄奘。观音上台对玄奘言大乘佛法的妙处，玄奘愿去西天，太宗封其为"御弟圣僧"，赐号为"三藏"，并亲自为他送行，前往西天（即印度）取经。

唐僧骑马西行，出边城，夜登双叉岭，被虎魔王部下生擒。太白金星搭救了唐僧。唐僧行至两界山，忽听喊声如雷："我师傅来也！"叫喊者正是孙悟空。唐僧收悟空为徒。西行路上，悟空打死6个抢劫的强盗，唐僧抱怨不已，悟空纵云离开唐僧。观音授唐僧紧箍咒。悟空接受龙王劝告，重来保护唐僧，戴上了紧箍，表示不再违背师言。

途经蛇盘山，马匹被鹰愁涧中的潜龙吞食。观音召出恶龙，将其变为白马赐给唐僧当坐骑。行至观音禅院，老主持为谋占袈裟，欲纵火烧死唐僧师徒，悟空从天界借得避火罩罩住唐僧。自己在一边鼓风，火烧净禅院。黑风山的熊怪趁火偷走袈裟，悟空上山寻妖索要袈裟。悟空见一黑汉正与一道士和一白衣秀士商量佛衣会事。遂打死白衣秀士蛇怪，与黑汉熊精相斗。悟空在洞外打死一小妖，得到请帖，变为老主持赴会。不料被识破，只好请来观音。观音变为道士，劝熊怪服下悟空变的仙丹。悟空在肚内使熊怪痛不可忍，熊怪只好交回袈裟，皈依佛门。

高老庄高太公因妖怪入赘其家请求降妖。悟空变为太公之女，迷惑妖怪。妖怪变化为狂风而逃，悟空紧追。妖怪入洞取出九齿钉耙与悟空大战。当听悟空说为保护唐僧取经路过此地，妖怪丢下钉耙，跟悟空去拜唐僧，唐僧为其取名猪八戒。3人到浮屠山，逢乌巢禅师，从其处得《心经》一卷。

流沙河中妖怪又抢唐僧，八戒、悟空去战，妖怪钻入水中，不肯上岸。悟空去见观音，观音让木吒与悟空同去。木吒叫出妖怪悟净，悟净以颈下骷髅结成法船，渡唐僧过河。骊山老母与观音、普贤、文殊菩萨变成母女4人，意在试探四人禅心是否坚定，唯八戒禅心不坚被捆。

师徒四人又经历了千难万险终于取得真经，回到长安，受到唐太宗和众官欢迎。次日，太宗升朝，宣《圣教序》以谢唐僧取经之功，又纳萧瑀之议，请唐僧去雁塔寺演诵经法。唐僧捧经登台，忽听八大金刚召唤,便腾空而去西天。如来授唐僧为旃檀功德佛,孙悟空为斗战胜佛,猪八戒为净坛使者,沙僧为金身罗汉,白龙马为八部天龙。

点评

  述变幻恍忽之事,亦每杂解颐之言,使神魔皆有人情,精魅亦通世故。

——鲁迅《中国小说史略》

  没读过《西游记》,就像没读过托尔斯泰或陀斯妥耶夫斯基一样,这种人侈谈小说理论,可谓大胆。

——艾登堡《艾登堡文集》

聊斋志异
——蒲松龄

相关介绍

蒲松龄（1640年~1715年），字留仙，一字剑臣，别号柳泉居士，世称聊斋先生，山东省淄川（今山东淄博）人，清代杰出小说家，在中国乃至世界文学史上都有极高的声誉。蒲松龄自幼聪慧好学，19岁参加科举考试，县、府、道三考皆第一，名闻乡里，他热衷功名，但后来却科场不利，直到71岁时才成贡生。为生活所迫，他曾给宝应县知县孙蕙做了数年幕宾，一生大部分时间在家乡做塾师，前后将近40年。他将自己怀才不遇、穷困潦倒和对当时社会现实的思考，倾注于笔端，集成《聊斋志异》一书。除《聊斋志异》外，蒲松龄还有大量诗文、戏剧、俚曲以及有关农业、医药方面的著述存世。计有文集13卷，四百余篇；诗集6卷，一千余首；词1卷，一百余阕；戏本三出（《考词九转货郎儿》《钟妹庆寿》《闹馆》）；俚曲14种（《墙头记》《姑娘曲》《慈悲曲》《寒森曲》《翻魇殃》《琴瑟乐》《蓬莱宴》《俊夜叉》《穷汉词》《丑俊巴》《快曲》《禳妒咒》《富贵神仙复变磨难曲》《增补幸云曲》）；以及《农桑经》《日用俗字》《省身语录》《药祟书》《伤寒药性赋》《草木传》等多种杂著。

背景介绍

《聊斋志异》取材广泛，想象丰富，虽然情节曲折多变，但它叙述周密、构思奇妙，且意境瑰丽，"用传奇法，而以志怪"，艺术风格独特。《聊斋志异》中作者对人物的刻画十分成功。他谈鬼说狐，写仙描神，百幻并作，无奇不有，展示出一个个神奇莫测的迷人境界。这些想象，大大增强了故事情节的感染力。

《聊斋志异》的语言很有特色。作者创造性地运用了古代的文学语言，同时又大量提炼和融汇进了当时的方言俗语，从而形成了一种既典雅俏丽又生动活泼的语言风格。无论是抒情写景，还是叙事状物，都绘声绘色，多彩多姿，显出深厚的文学功底。人物语言雅俗结合，生动活泼，谐谑有趣。只是古语过多，增加了读者阅读的困难。至于书中的短篇，文字虽不似长篇出色，但叙事简洁明快，下笔文雅、清新，使读者百看不厌。

内容概述

《聊斋志异》的内容包括约500篇小说。它的故事来源也非常广泛，或出自作者的亲身见闻和离奇的想象，或借鉴过去的题材，或采自民间传说，或为作者自己的虚构。有些故事，虽有模拟的痕迹，但作者以丰富的想象和生活经验，推陈出新，使这些故事的内容更加丰满。

《聊斋志异》一书揭露了当时社会的黑暗面。政治腐败、官贪吏虐、豪强横行、生灵涂炭，这些现象在《聊斋志异》中都有所反映，揭示了人民痛苦生活的原因主要是贪官污吏的胡作非为。

《聊斋志异》在暴露统治阶级贪暴不仁的同时，还写出了被压迫人民的反抗斗争，作者对他们的境遇表示出深切的同情。其中有"大冤未伸，寸心不死"的席方平（《席方平》）；有最终变成猛虎，咬死仇人的向杲（《向杲》）；有直入阴间，杀死两吏卒的王鼎（《伍秋月》）。这些具有反抗精神的人物形象在激发被压迫者的斗争意识方面，有一定的积极作用。

《聊斋志异》的另一个重要内容是揭露了科举考试的种种弊端。蒲松龄才华过人却一直名落孙山，他对科场的黑暗、试官的昏聩、士子的心理等都非常熟悉，所以写起来能切中要害，力透纸背。通过一些梦幻境界的描写，作者嘲笑了那些醉心功名利禄的士子。与这些醉心于科举的士子相对比，书中还描写了一些不肯"易面目图荣显"的人物。如《贾奉雉》中"才名冠一时"的贾奉雉，屡试不中，终于"遁迹山丘"，离家出走。还有《三生》中的兴于唐、《素秋》中的俞慎和俞士忱等，他们都有真才实学，却"困于名场"，"怀才不遇"，作者在作品中给予他们极大的同情。

　　描写爱情婚姻的故事，在《聊斋志异》中数量最多。有的是人和人的恋爱，有的是人和狐鬼精灵的恋爱。这些叙述青年男女真诚相爱、自由结合的故事，写得十分动人。如《青凤》中写耿去病与狐女青凤相爱，作者将耿去病对青凤的诚挚感情描写得淋漓尽致；青凤也不畏礼教闺训，爱慕耿生，终于获得幸福。在封建礼教盛行的年代里，作者借此表达了广大青年男女对真正爱情的向往和憧憬。

　　在以爱情为主题的作品中，作者塑造了许多"情痴""情种"的形象，刻画了他们对爱情的坚贞专一，描写了他们以"知己之爱"为基础的爱情生活。《连城》写乔生与连城相爱，遭到连父的阻挠，连城含恨而死，乔生也一痛而绝，二人在阴间相会。还魂前，他们唯恐再发生变故，便先结为夫妻。可见二人的相爱之深，希望永结同好的坚定之心。

　　《聊斋志异》中还有一部分作品抨击了浅薄的社会风气，歌颂了高尚的道德情操。如《镜听》写"贫穷则父母不子"的人情世态，《罗刹海市》写"颠倒妍媸，变乱黑白"的社会恶习。《聊斋志异》中还有其他一些含义深刻的篇章，有的故事颂扬女子超人的才智，如《颜氏》《狐谐》和《仙人岛》等；有的故事描写儿童的胆量和智谋，如《贾儿》等；有的故事描写了民间艺人高超的技艺，如《偷桃》《口技》等；有的故事则富有寓言意味，能够启发读者领悟某些生活道理，如《画皮》《黑兽》《禽侠》《狼三则》《大鼠》《螳螂捕蛇》等。

　　以下介绍其中著名的篇章：

　　《促织》：皇帝有一个奇怪的嗜好——斗蟋蟀，他每年都要从民间征集善斗蟋蟀。老实人成名，在别人的指点下捉到一只善斗的蟋蟀，但却被爱子不小心踩死。儿子害怕被父亲责骂，投井自尽。成名对儿子弄死蟋蟀心痛不已,得知儿子死去,更加悲恸欲绝。后来儿子复活,魂魄化为一只善斗的蟋蟀,解了父亲的燃眉之急,也免去一家人濒于毁灭的厄运。皇帝得了蟋蟀,龙心大悦。成名一家也因此过上了好日子。

《青凤》:荒芜的耿家大院里经常出现怪事,不信鬼神的书生耿去病决意去探个究竟。不料与异类狐仙青凤同坠爱河。好事不长,二人被青凤的叔父——黑狐活活拆散。一日耿去病在上坟的路上救起一只被狗追逐的小狐,原来这只小狐就是自己朝思暮想的青凤,重逢后二人恩爱如初。一日,青凤的叔父遇险,其子向耿去病求助。耿去病化解了这场危机。青凤的叔父得救后,感谢耿去病的搭救之恩,并对自己以前的行为表示后悔。从此以后,青凤和耿去病幸福地生活在一起。

点评

墨憨斋……所纂《喻世》《警世》《醒世》三言,极摹人情世态之歧,备写悲欢离合之致。

——抱瓮老人《今古奇观》

红楼梦
——曹雪芹

▪ 相关介绍

曹雪芹（约 1715 年~1763 或 1764 年）名霑，字梦阮，号雪芹。我国古代伟大的现实主义作家。祖籍河北丰润。明朝末年，他的高祖父随清兵入关立下战功受到宠幸。康熙时，曹家已是显赫的贵族世家。康熙二年（1663 年）到雍正六年（1728 年），从曹雪芹的曾祖父曹玺，到他的父辈曹頫祖孙三代四人世袭江宁织造将近 60 年之久，有时还兼任苏州织造和两淮盐政。清朝的江宁织造设置于 1645 年，职责是掌管宫廷所需各种织物的织造、采购和供应等事项，并作为皇帝的心腹和耳目，暗中监督江南一带地方人民和官吏的情况。官职虽然不高，却是一个有权有势的要职。康熙皇帝 6 次南巡，5 次以江宁织造署为行宫，曹雪芹的祖父曹寅 4 次负责接驾。曹寅的女儿嫁做王妃，由此可见曹家与皇家的特殊关系，以及曹家奢侈豪华的生活。风月繁华的贵族生活，为曹雪芹日后创作《红楼梦》积累了丰厚的生活素材。

康熙死后，雍正即位。在残酷的宫廷斗争中，曹家成了雍正打击的对象。显赫一时的贵族世家，在当时最高统治集团的残酷斗争中逐渐衰败。到了乾隆初年，曹家又遭受一次变故，从此家境每况愈下了。

曹雪芹的祖父曹寅工诗词，善书法，藏书丰富，并刻印古书。著名的《全唐诗》就是由他主持刻印的，现有《楝亭诗钞》传世。

曹雪芹的一生经历了家族由盛到衰的过程。13 岁前他在南京过了一段锦衣玉食的生活，而《红楼梦》写于曹雪芹凄凉困苦的晚年，其创作过程十分艰苦，"披阅十载，增删五次"。作品还没有全部完成，曹雪芹就因爱子夭亡，悲愤交加，从此一病不起，不久就去世了，连他的手稿也无人整理。好友敦敏有一首描写曹雪芹西郊著书的七律：

> 碧水青山曲径遐，薜萝门巷足烟霞。
> 寻诗人去留僧舍，卖画钱来付酒家。
> 燕市哭歌悲遇合，秦淮风月忆繁华。
> 新愁旧恨知多少，一醉酕醄白眼斜。

■ 背景介绍

《红楼梦》原名《石头记》，是曹雪芹的未完稿，全书大约有80回，开始只是在为数不多的朋友中传阅，到了乾隆五十七年（1792年），即曹雪芹逝世后的三十余年，高鹗续成120回，改名为《红楼梦》。《红楼梦》创作于清朝乾隆初年（1736年），这部作品实际反映的社会历史背景是清代初期康熙、雍正、乾隆三代，主要是18世纪的上半叶。当时的中国社会，除了农民阶级与地主阶级的主要矛盾外，还存在着代表资本主义萌芽状态的新兴市民的社会力量和封建统治的矛盾。在这些矛盾中，还夹杂着民族矛盾和统治阶级内部矛盾等复杂内容。《红楼梦》的作者深受当时社会经济和政治的影响，在书中表现出反对封建、追求平等、个性解放的要求，也揭示了代表资本主义萌芽状态的新兴市民的历史命运。

清朝统治者统一中国后，上至皇室贵族，下到八旗子弟，都圈占土地，收取租息，以至到乾隆初年，土地高度集中在地主贵族手中，这使固有的社会矛盾发展得更为尖锐。

另外，康、雍、乾三代对汉族大兴文字狱，对少数民族进行屠杀征服，最后终于取得了"文治武功"的胜利。《红楼梦》的创作，正是在号称"文治武功"的康乾盛世时期创作完成的。表面看来，清王朝这时似乎还维持着"盛世"，但"盛世"显然已接近尾声了，对人民的剥削所引起的阶级矛盾也日趋激烈。

曹雪芹所创造的人物各具特色、个性特异。他基本上划分开了统治和被统治阶级的界限。他对书中人物的出身、历史、生活环境的叙述、描写，都很具体、明确，刻画出他们有血有肉的形象，对某些人物更写出他们在生活和矛盾中的思想倾向和变化过程，我们可以从作者对人物

的不同态度认识作者自己的立场和观点。

《红楼梦》以贾、史、王、薛四大家族为背景，以爱情故事为主要线索，着重描写在贾家荣、宁二府由盛转衰的过程中，以贾宝玉和他周围的女子为中心的许多人物在封建体制和封建家族遏制下的悲剧命运。

男主人公贾宝玉是贯穿全书始终的人物。根据考证，这一形象里有作者的影子。贾宝玉生长在贵族世家，家族对他寄予厚望，但是他不爱读书，憎恨封建礼教思想，厌恶束缚他的家庭戒律，浑身上下充满叛逆精神。由于他生活在一群美丽、单纯的女性中间，所以一直对生活在下层的女性饱含同情。

少女林黛玉是曹雪芹着重刻画的女性形象。这个寄居在荣国府中的弱女子，才华横溢而又多愁善感。她与贾宝玉两小无猜，后来成为生死相依的恋人，但他们的爱情最终还是被封建势力扼杀了。

贾宝玉和林黛玉的相爱在封建社会里注定是个悲剧。在贾府这样一个封建大家庭里，贾宝玉和林黛玉是最具有叛逆性格的少男少女。宝玉和黛玉从小就在一起，在不断的感情冲突和交流中，渐渐志同道合，去共同追求一种个性的自由，并摆脱受封建束缚的生活方式，于是在心里都把对方视为自己未来的终身伴侣。但从家族发展角度考虑，黛玉显然不是宝玉未来妻子的最佳人选。黛玉身体羸弱、脾气孤傲以及私定终身的越轨行为，使得作为贾府最高统治者的贾母极不喜欢，而薛宝钗圆滑的为人处世以及薛家拥有的财富，使她具备了做"宝二奶奶"的条件。贾宝玉和薛宝钗的结合成为其婚姻悲剧的开始，所谓"金玉良缘"的结合只能是徒有其表罢了。

《红楼梦》在艺术上取得了辉煌的成就。其最突出的艺术特点就是，作品完全打破了过去传统小说的单线结构，把中心人物和中心事件放在错综复杂的环境中，因而《红楼梦》所展现的世界就像生活本身那样丰富、深厚、自然、逼真。故事中描写了贾宝玉、林黛玉和薛宝钗等几百个人物和众多复杂事件，以及人物与事件之间互相关联又互为因果的复杂关系，浑然天成，一点不见人工雕琢的痕迹。《红楼梦》中的人物塑造呈现出多侧面、多层次的特点。

《红楼梦》可以说是一部百科全书式的长篇小说。它以一个贵族家庭为中心展开了一幅广阔的社会历史图画，社会的各个阶层，上自皇妃国公，下至贩夫走卒，都得到了生动的刻画。它对贵族家庭饮食起居各方面的生活细节都进行了细致的描写，园林建筑、家具器皿、服饰摆设、车轿排场等等，都具有很强的真实性。它还体现了作者对烹调、医药、诗词、小说、绘画、建筑、戏曲等等各种文化艺术的丰富知识和独到见解。《红楼梦》的博大精深在世界文学史上也是罕见的。

内容概述

　　西方灵河岸上三生石畔的绛珠仙子，为了报答神瑛侍者的灌溉之恩，要以毕生的眼泪来还他，于是就决定随他下凡历劫。这神瑛侍者就是贾宝玉的前生，林黛玉则是绛珠仙子转世，此段姻缘被称为"木石前盟"。远古女娲氏炼石补天曾遗下一块顽石，经过修炼，灵性已通，后蒙僧、道二仙大展法术，将其缩成扇坠大小一块美玉，这便是日后贾宝玉出世时嘴里所衔的"通灵宝玉"。

　　当年宁、荣二公随先帝建下赫赫功勋，创下家业，至今已历百载。宁国公之官原由孙子贾敬承袭，贾敬好道，遂让于贾珍，珍妻尤氏。贾敬还有一小女名惜春。贾珍之子名贾蓉，娶妻秦氏。荣国公之官现由长孙贾赦承袭，赦妻邢氏。贾赦之子名贾琏，女儿迎春为庶出。贾琏之妻王熙凤生有一女。荣国公次孙贾政现任工部员外郎，妻王夫人乃王熙凤姑母。贾政长子贾珠，娶妻李纨，生子贾兰后，贾珠便亡故了，次子贾宝玉，三子贾环为贾政的妾赵姨娘所生。长女元春因贤孝才德早已被选入宫中，次女探春与贾环同母。荣国公孙女贾敏即林如海之妻。贾赦、贾政、贾敏之母为史太君贾母，人称"老祖宗"。贾、史、王、薛四大家族同气连枝，荣辱与共，当时民间流传着这样四句歌谣："贾不假，白玉为堂金作马。阿房宫，三百里，住不下金陵一个史。东海缺少白玉床，龙王来请金陵王。丰年好大雪，珍珠如土金如铁。"

　　林如海因妻亡故，便想让女儿黛玉进京依附外祖母，黛玉入府后与众

人相见，宝玉与黛玉互相看着眼熟，十分亲切，宝玉还送了妹妹一个表字"颦颦"，还差点因妹妹无玉将自己的"命根子"——"通灵宝玉"摔坏。

品貌端庄、深明事理的宝钗不像黛玉那样孤高自许、目下无尘，故在贾府深得人心。一日她乘宝玉到梨香院看望之际，细细赏鉴了通灵宝玉，将"莫失莫忘，仙寿恒昌"微吟良久。原来，宝钗戴着的金项圈，上面錾着癞头和尚给宝钗的赠言"不离不弃，芳龄永继"，这八字与玉上所篆正好是一对，这就是所谓的"金玉良缘"。黛玉前来见到他俩亲热地在一起，便借机奚落。

贾元春加封贤德妃，获准省亲。贾府省亲别院工程告竣，贾政率众巡览，令宝玉试题园内匾额对联。元宵夜，銮驾入府，元春与家人相见，呜咽对泣不已。元春见别院豪华富丽，遂题名为"大观园"，并命宝玉及诸姐妹题咏赋诗。后又传谕宝玉与众姐妹进园居住。进园后，宝玉无所拘束，十分快乐。茗烟买了许多小说外传、传奇剧本，宝玉如获珍宝。一日，宝、黛共赏《西厢记》，宝玉以张生、莺莺隐喻自己与黛玉，黛玉感极生嗔。她在当日归途听得女伶演唱《牡丹亭》，遂联想翩翩，心醉神驰。潇湘馆凤尾森森，龙吟细细，黛玉春困幽思，宝玉见她星眼微饧，香腮带赤，不觉神魂飞荡，戏借《西厢记》词语表意，黛玉哭恼宝玉不该如此取笑。过后黛玉到怡红院探宝玉，宝玉的丫鬟晴雯不知来者是谁，没有开门，黛玉悲戚呜咽而回。

芒种节，黛玉在园内伤春愁思，掩埋残花落瓣，不由得感花伤己，哭吟《葬花吟》。贾母到清虚观打醮，合家出动。宝、黛久存求近之心，只因试情误会，反弄成疏远之意。清虚观回来后，竟闹到砸玉剪穗的田地，两人待听了贾母"不是冤家不聚头"之语，方如悟禅一般，真是人居两地，情发一心。宝玉遂到潇湘馆探慰黛玉，两人和好如初。后来宝玉又见宝钗比黛玉另具一种妩媚风流，不觉看呆，失言将宝钗比杨妃，宝钗着恼，借丫头找扇之机奚落宝、黛二人。黛玉在窗外听得宝玉对湘云说，正因林妹妹从不说经济学问的混账话，才不与她生分，不由得惊喜交加。宝玉出来向黛玉倾诉肺腑之言，两人感极共泣。

探春发起号召组织海棠诗社。李纨自荐掌坛，众人各起诗坛别号。

大观园比先前越发热闹。老村妪刘姥姥携外孙板儿二进荣府，恰好投了贾母缘，留下与她闲话。贾母在晓翠堂给湘云还席，凤姐与贾母贴身丫鬟鸳鸯商议好捉弄刘姥姥开心，刘姥姥亦知趣甘当笑料，席间笑声

不绝。刘姥姥给凤姐女儿取名巧姐。满载众人所赠钱物回乡。贾母又出主意凑份子给凤姐做生日,并委托尤氏操办。贾琏常在外面与多姑娘幽会,这次又乘众人给凤姐斟酒祝寿之机,潜回房中与仆妇鲍二家的偷情,不料被回来歇酒的凤姐撞见。琏、凤两人竟拿平儿撒气,众人多为之抱不平。凤姐又因内外操劳过度,导致小产,王夫人令李纨、探春、宝钗共同裁处家事。探春理家,公正利落,众口交誉,唯赵姨娘数次寻衅,但均被驳回。

黛玉丫鬟紫鹃戏说黛玉将回苏州原籍,宝玉惊得呆症大发,紫鹃受命在怡红院住下服侍宝玉,宝玉渐愈,紫鹃由此而明宝玉真心。薛蟠误认世家子弟柳湘莲为风月人物,调情不已。湘莲将薛蟠诱打后扬长而去。

贾琏对尤氏姐妹动了垂涎之意,尤二姐亦有心,贾蓉从中献策牵线,尤二姐的母亲遂应允。贾琏偷娶尤二姐后,两人十分恩爱。后来,尤二姐被凤姐巧设毒计威逼自杀。

懦弱的迎春由父母做主嫁给了在兵部候缺的孙绍祖,孙乃狠毒负义好色之辈,不久,迎春不堪凌辱而亡。

黛玉在贾府受寄人篱下之苦,又有未与宝玉明了关系之悲,常辗转惆怅,竟至呕血,大夫诊治后说她六脉皆弦,都因平日郁结所致。

黛玉丫头雪雁误传宝玉已定亲的消息,黛玉闻后茶饭不思,只求速死,后得知系讹传,疑团顿消,立刻神清气爽。怡红院海棠初枯复荣,轰动全园,此际元妃薨逝、通灵宝玉丢失,人心惶惶,宝玉神魂失散,显疯傻之状。贾政将赴外任,贾母欲在贾政行前给宝玉娶亲冲喜,恐宝玉不愿,遂设"调包计"。黛玉闻宝玉即将成亲,自料万无生机,遂于病榻前焚烧诗稿。宝玉听凤姐说自己将娶林妹妹，大悦，待迎亲揭起盖头，见林妹妹换成了宝姐姐，登时旧病复发。宝玉成亲鼓乐喧闹之时，正是黛玉魂归离恨天之日。宝玉病体渐愈，来到屋在人亡的潇湘馆，号啕大哭，紫鹃细诉黛玉临终情景。不久，宝琴、湘云相继出嫁，大观园物是人非，宝玉越发悲痛欲绝。

锦衣军奉旨查抄贾府，罪名是贾赦交通外官，倚势凌弱，违反制度；贾珍威逼人命，引诱世家子弟聚赌。贾府从此衰败，贾母将余资遣散后长逝。

后来荣府蒙恩后渐渐复兴，但宝玉却在中举后出家当了和尚。

点评

自有《红楼梦》出来以后，传统的思想和写法都打破了。
——鲁迅《中国小说的历史变迁》

单是命意，就因读者的眼光而有种种，经学家看见《易》，道学家看见淫，才子看见缠绵，革命家看见排满，流言家看见宫闱秘事……在我眼下的宝玉，却看见他看见许多死亡。
——鲁迅

老残游记

——刘鹗

▶ 相关介绍

刘鹗（1857年~1909年），字铁云，别署洪都百炼生，江苏丹徒（治今镇江）人。他出身官僚家庭，曾研究过数学、医学、水利等，年轻时做过医生和商人，对通过科举考试博取功名没有兴趣。

1888年河南、山东发生水灾，他先后到这两个省帮助治理黄河，因治河有功，被保荐到总理各国事务衙门并被任命为候补知府。此后，他曾向清政府建议借外债修路和让西人开矿，遭到反对和攻击。刘鹗做官不得志，弃官经商，创办实业，但全都失败了。后被清政府以私售太仓存粟之罪发配到新疆，第二年病死。刘鹗根据自己一生的所见所闻写成了《老残游记》20回。另有续集9回。他是甲骨文的最早收藏者之一，1903年印行的《铁云藏龟》就是他研究甲骨文的最早著作。此外，他还有治河、医学和数学方面的著作。

▶ 背景介绍

鸦片战争前后，外国侵略者用鸦片和坚船利炮强行打开我国的门户，中国社会出现了数千年未有的危机，整个社会处于腐朽动荡的时期，人民因吸食鸦片而无力作战，白银大量流往国外。清朝社会已是千疮百孔，穷途末路。清朝到嘉庆、道光时期，已经完全腐化败坏。当时皇宫"一日之餐，费至十余万""三年清知府，十万雪花银"则是官场的真实写照。当时卖官鬻爵风行，贪污贿赂成风，整个社会已是风雨飘摇，动荡不安。

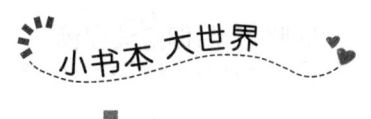

内容概述

有位30多岁的江南游客，姓铁名英，号补残，别号老残。他曾拜了一个摇串铃的道士为师，不久自己也摇起串铃开始替人治病，赚钱糊口。在江湖上行医已近20年。

他曾经治好了一个黄姓大户的疑难病症，受到了黄家的盛情款待。一天酒足饭饱，老残做了一个梦，梦见有条破轮船在洪波巨浪里颠簸，很是危险。他和两位挚友乘小船为舵手送舵盘等器物。大船上的水手在乘客中乱窜、搜身，甚至杀人。他们三人在水手们一阵咆哮和全船人的震怒下，逃回小船，却被大船上的人击中沉入海中。黄姓大户病愈后，老残前往济南大明湖去看风景。

在明湖居，老残听了白妞的鼓书，大饱耳福，又浏览了济南的四大名泉，一路上心情很是惬意。其间，老残医治好了衙门中做机要幕宾的高绍殷之妻的疾病，因而名声大噪。在高绍殷的举荐下，山东省巡抚召见老残并授予其官职，请教他治理黄河的策略，老残推辞不掉，就在半夜离开济南，奔赴曹州。

道听途说有关曹州知府玉贤的"政绩"，老残准备顺路考察一番。然而这些政绩里，却有无辜百姓成为玉贤苛刑的牺牲品，而玉贤因此却被山东巡抚加衔晋升。老残十分气愤，决定去省城为民伸冤。路上因黄河冰冻不化，他滞留在齐河县，遇上好友监察御史黄人瑞。经黄人瑞介绍和撮合，老残用几百两银子，从火坑中救出妓女翠环并纳其为妾。老残从翠环那儿又知道了一些有关黄河灾害和地方官吏不顾百姓死活的情况。

老残从黄人瑞口中得知齐河县有个"清廉得格登登"的县官名叫刚弼，不料这个人也和玉贤一样，令百姓有冤无处申诉，齐河县有一户人家，五十多岁的贾老翁有两子一女。大儿子三十多岁病死，留下媳妇贾魏氏。大儿子去世后，大媳妇经常回娘家，娘家只有老爹一人。有一天，贾魏氏又回娘家，这边贾家13口却平白无故猝然死去。刚弼不问青红皂白就把魏家父女二人关入大牢，还动刑逼供。魏家管事的为救主人，拿了上千两银子到衙内求情。刚弼设下圈套，收了银两为凭据，以贿赂官府、以钱抵命的罪名，对魏家父女又动用严刑。贾魏氏不忍父亲受刑，就屈打成招。刚弼很是得意，准备了结此案。

无辜的魏家父女眼看要惨死在刚弼手下。老残火速写信给山东巡抚，请省城另派高明前来审案。老残的一封信救活了两条性命，他心中无比快活。但是，贾家13口人死因不明，老残决心搞清真相。

几经周折，才弄清楚，原来是贾老翁女儿的情夫吴二浪子用一种香草"千日醉"把贾家13口迷倒。其实千日醉不是毒药，只是活人吃了这种药就像死人一样失去生命的表征。若千日之内能寻来另一种药草"还魂草"，这些人仍能复活。老残让官府将吴二浪子押入监牢，然后他亲自前往泰山寻到"还魂草"。贾家13口又活了过来。从此，魏家一案了结，巡抚判吴二浪子三年监禁。老残成了贾、魏两家的救命大恩人，两家各送三千两银子酬谢，老残分文不收。两家只好招来戏班子，大摆宴席款待老残。宴席过后老残没有久留，带着翠环匆匆离开齐河县，回江南老家去了。

点评

《老残游记》文如其题，是主人翁所视、所思、所言、所行的第三人称的游记，这游记对布局或多或少是漫不经心的，又钟意貌属枝节或有始无终的事情，使它大类于现代的抒情小说，而不似任何形态的传统中国小说。

——夏志清《老残游记：艺术及意义剖析》

子 夜
——茅盾

相关介绍

茅盾原名沈德鸿,字雁冰,1896年生于浙江,1910年春,离乡求学,1916年8月,北京大学预科毕业,因家中经济窘迫无力升学,遂在上海商务印书馆工作,重新改造老牌的《小说月报》,因此成为文学研究会的首席评论家。接着他参加了上海共产主义小组,筹建中国共产党,下广州参加国民党第二次代表大会,曾担任过国民党中央宣传部的秘书。国共合作破裂之后,自武汉流亡上海、日本,开始写作《幻灭》《动摇》《追求》和《虹》。这段上层政治斗争的经历形成他的时代概括力和文学的全社会视野,早期作品的题材也多取于此。"左联"期间他写出了《子夜》《林家铺子》《春蚕》。抗战时期,辗转于香港、新疆、延安、重庆、桂林等地,发表了《腐蚀》和《霜叶红似二月花》《锻炼》等。文艺界为他庆贺了50寿辰,从此他的声名日隆。建国之后,他历任文联副主席、文化部长、作协主席,并任全国政协副主席。1981年3月26日与世长辞。茅盾一生长达六十多年的文学生涯和毕生追求共产主义理想的革命活动,为中国人民的解放事业作出了卓越的贡献,他所创作的作品流传于世,受到人们的喜爱。

背景介绍

《子夜》是我国现代文学史上一部杰出的革命现实主义长篇小说。它直接取材于20世纪30年代初期的社会现实,揭示的是1930年春夏之交半殖民地半封建的旧中国的黑暗。全书高度概括了时代背景和当时社会的思想内容。

内容概述

20世纪30年代的中国，尽管民生凋敝、战乱四起，但在都市化的上海却是另一番景象。这里有纸醉金迷的生活，有明争暗斗的算计，有趋炎附势的各色人物，也有被压榨的普通民众以及步履维艰的民族工业。

开丝厂的吴荪甫在乡下的父亲吴老太爷为逃避战乱来到上海，扑朔迷离的都市景观使这个足不出户的吴老太爷深受刺激而猝死。在吴府办丧事时，上海滩有头有脸的人都来吊唁。他们聚集在客厅，打听战况、谈生意、搞社交。善于投机的买办资本家赵伯韬找到吴荪甫和他的姐夫杜竹斋，拉拢他们联合资金结成公债大户"多头"，想要在股票交易中贱买贵卖，从中牟取暴利。杜竹斋犹豫不定，赵伯韬遂向他透露了用金钱操纵战局的计划。吴荪甫、杜竹斋经商议决定跟着赵伯韬干一次。这次合作，虽有风险但最终告捷。

因为金融公债混乱、投机的情况妨碍了工业的发展，实业界同仁孙吉人、王和甫推举吴荪甫联合各方面有权力的人开办一个银行，做自己的金融流通机关，并且希望将来能用大部分的资本来经营交通、矿山等几项大事业。这正合吴荪甫的野心及冒险精神。他喜欢与同他一样有远见且有谋略的人共事，而对那些半死不活的资本家却毫无怜悯地施以手

段进行欺压。很快地，益中信托公司就成立起来了。

这时，吴荪甫的家乡双桥镇发生变故，农民起来反抗，使他在乡下的一些产业蒙受损失。工厂里此起彼伏的工潮也使他坐立不安。为对付工人罢工，吴荪甫任用了一个有胆量、有心计的青年职员屠维岳。他暗中收买领头的女工姚金凤，瓦解了工潮的组织。

交易所的斗争也日渐激烈。原先吴荪甫与赵伯韬的联合转为对垒和厮拼。益中信托公司，作为与赵伯韬相抗衡的力量，形成了以赵伯韬为"多头"和益中公司为"空头"之间的角斗。赵伯韬盯上吴荪甫这块"肥肉"，想乘吴荪甫资金短缺之时吞掉他的产业。几个回合较量下来，益中亏损八万元以致资金周转不畅而不得不停下来。此时吴荪甫的资金周转不灵，他开始盘剥工人的劳动和克扣工钱。新一轮的罢工开始，受到牵制的屠维岳分化瓦解工人组织的伎俩被识破，吴荪甫陷入内外交困的境地。

赵伯韬欲向吴荪甫的银行投资控股。吴决心拼一次，他甚至把自己的丝厂和公馆都抵押出去做公债，以背水一战。他终于知道在中国发展民族工业是何等困难，出于对个人利害的考虑，他身不由己地卷入了买空卖空的投机市场来。

公债的情势危急，赵伯韬操纵交易所的管理机构不断为难卖空方吴荪甫。几近绝望的吴荪甫把仅存的希望放在杜竹斋身上。在这关键时刻，杜竹斋倒戈转向赵伯韬一边，这场斗争最终以吴荪甫的破产而告终。

点评

这是中国第一部写实主义的成功的长篇小说。一九三三年在将来的文学史上，没有疑问地要记录《子夜》的出版。

——瞿秋白《〈子夜〉与国货年》

骆驼祥子
——老舍

▶ 相关介绍

老舍（1899年~1966年）原名舒庆春，字舍予，满族人，生于北京，著名作家。

1918年夏天，老舍以优异的成绩由北京师范学校毕业，被派到北京第十七小学去当校长。1924年夏应聘到英国伦敦大学东方学院当中文讲师。老舍在英国做讲师期间开始进行文学创作。长篇小说《老张的哲学》是其第一部作品，以后陆续发表了长篇小说《赵子曰》和《二马》，奠定了老舍作为新文学开拓者之一的地位。1930年老舍回国后，先后在齐鲁大学和山东大学任教授。这个时期他创作了《猫城记》《离婚》《骆驼祥子》等长篇小说，《月牙儿》《我这一辈子》等中篇小说，《微神》等短篇小说。1944年开始，创作近百万字的长篇巨著《四世同堂》。另有剧本《龙须沟》《茶馆》及《老舍剧作全集》《老舍散文集》《老舍诗选》《老舍文艺评论集》和《老舍文集》等。

老舍一生创作作品极多，大多都堪称精品，他的作品至今仍被后人学习与借鉴，影响极深。

▶ 背景介绍

1930年老舍由新加坡踏上了祖国的土地，面对满目疮痍的祖国，他的心情压抑，笔触极其沉重。《骆驼祥子》是他这个时期的代表作。它揭示了"小人物"的奴隶心理和希望的最终破灭。随着祥子心爱的

小书本 大世界

女人小福子的自杀,祥子熄灭了个人奋斗的最后一朵火花,成为这个腐朽社会的殉葬品。《骆驼祥子》对当时社会影响很大,被誉为"抗战前夕中国最佳的长篇小说"。1945年该书英译本在纽约出版,立即风靡美国。

内容概述

祥子是个老实、木讷、硬朗的年轻汉子。在北平的街上他选择了拉车这一行,他没有别的奢求,只想买一辆属于自己的洋车,可是就在他如愿以偿刚刚买了一辆车后不久,就糊里糊涂地被捉进军队里当苦力,车子也被人夺走了。

后来祥子从军营里逃了出来,他为了再买一辆车子,开始加倍地卖力拉车,甚至硬抢老车夫们的客人;在以前他是不屑和他们抢生意的。与从前一样,祥子很受租车老板刘四爷的信任,每天把车子还了以后,祥子可以在他的车厂里过夜。刘四爷那又丑又凶的女儿虎妞看上了淳朴老实的祥子,她为了与父亲抗争,竟将祥子用酒灌醉,以身

相许。清醒后的祥子感到很羞耻、难堪,于是便离开刘家到曹教授家拉私人包车。

有一次警察借口曹先生参加地下活动,搜查他的住宅。"城门失火,殃及池鱼",祥子的所有积蓄都被一个贪赃枉法的侦探没收了。他没有别的路好走,只有再回到刘四爷的车厂去。而刘四爷则对他起了疑心,因为他女儿还是坚持要嫁给这个一文钱没有的苦力,不想找经济地位较好的丈夫。父女之间的对立终于在刘四爷69岁生日那天爆发,祥子为良心所驱,只好站到虎妞这边。尽管他讨厌她,却更忍受不了她父亲对他的辱骂。祥子和虎妞结了婚,搬到一个贫民窟去住。

虎妞以为父亲早晚会原谅她,所以安心地靠平日积蓄过着舒服日子。而祥子呢,他极其悔恨被这样骗着结了婚,就越发卖力地拉车,希望有一天能独立自主。有一天天气奇热,又下了雨,祥子拉车回家,发起高烧来,在床上病了两个月。从此他的健康不如从前,而虎妞却更加嘲骂他的自力更生愚不可及,这使他更加痛苦。好在祥子可以从与一个叫小福子的邻居女孩子的来往中得到些许慰藉。小福子靠做妓女赚的一点钱养活她的酒鬼父亲和两个弟弟。虎妞难产死了以后,祥子很想娶这个苦命的好心女孩子,但是想到要养活她一大家子人,他被吓住了。他终于还是搬到了别的地方。

祥子心情糟糕透了,便开始抽烟喝酒糟蹋自己的身体,而且和以前看不上眼的那些吊儿郎当的车夫交往起来。小福子做了一段时间的最下等妓女以后上吊自杀了。祥子的精神也因此完全垮了。他不再回曹家拉车,不愿再为了体面好看作徒劳无功的挣扎,他已经失去以往勇往直前的毅力。他开始自暴自弃地偷东西,出卖朋友,越来越肮脏懒散,最终他成了一个邪恶的无业游民,在北平的无休无止的婚礼和葬礼里替人家打小旗子,赚钱维持生计。

点评

人在社会中生活,受着社会的制约。他的道路,是由他所处的社会

环境，他所属的社会地位，他与社会的各种联系决定的。祥子的形象，是在当时那个黑暗社会的生活画面中，在他与各种社会力量的复杂关系中突现出来的。他的悲剧，主要是他生活的那个社会的产物。

——樊骏在《论〈骆驼祥子〉的现实主义》

雷 雨
——曹禺

▶ 相关介绍

曹禺（1910年~1996年），原名万家宝，著名剧作家。

曹禺出生于天津一个封建没落的官僚家庭。他从小就酷爱戏剧，在南开中学读初中时，他就是南开新剧团的积极分子、骨干力量，从此开始了他漫长的艺术生涯。1926年，他第一次以"曹禺"为笔名发表了小说《今宵酒醒何处》。

1933年，曹禺的处女作——多幕剧《雷雨》诞生了，这部作品的创作出炉震惊了整个戏剧界，他也因此一举成名。《雷雨》的问世标志着中国现代话剧艺术已经开始走向成熟。此后，曹禺又创作了《日出》（1935年）、《原野》（1937年）等影响巨大的话剧剧本，确定了他作为中国现代话剧大师的地位。抗战爆发，曹禺辗转重庆等地，完成了剧作《蜕变》（1938年），《北京人》（1940年）。1942年，他将巴金的《家》改编成戏剧。1946年，他应邀赴美国讲学，次年，回国创作电影剧本《艳阳天》，并亲自执导拍摄完成。建国后，曹禺先后担任中央戏剧学院院长、北京人民艺术剧院院长等职，并创作了多幕剧《明朗的天》（1954年）、历史剧《胆剑篇》（1960年）和《王昭君》（1978年），孜孜以求地为戏剧事业奉献青春。曹禺的剧作，融合了中外戏剧的表现手法，具有良好的艺术效果，不仅在中国影响深远，在国外戏剧界也得到了极高的赞誉。

▶ 背景介绍

《雷雨》以1924年的中国社会为背景。这时正是第一次大革命的前夕，阶级斗争处于十分尖锐的状态。一方面，中国无产阶级已经登上政治舞台，在共产党的领导下，掀起了蓬勃的工农革命运动；另一方面，中国封建势力在帝国主义的支持下，对人民大众进行着残酷的压榨和剥削。作者在自己的创作里深刻地揭露了这些社会现实。

内容概述

侍女侍萍因被逐出周家而自杀，后又被人救起。从此，她流落他乡，辗转坎坷，最后带着与周家少爷所生的儿子嫁给鲁贵，生下女儿四凤，并给儿子取名鲁大海。

30年后，周鲁两家先后搬到北方某城中。侍萍在外地做工，鲁贵在周家做总管，后来把女儿四凤也介绍到周公馆做女佣，鲁大海在周朴园的矿上当矿工。

周朴园的太太死后，又娶繁漪为妻，并生下小儿子周冲。他的长子周萍就是侍萍所生的第一个孩子，他只比继母繁漪小六七岁。繁漪嫁给冷酷、专横、自私的周朴园后，精神极度压抑、郁闷。病态的她爱上了软弱的周萍，他们的关系被用人鲁贵发现了。这之后，由于惧怕父亲，也由于已厌倦了与继母的这段不正常的关系，周萍开始逃避繁漪，他又与美丽单纯的四凤偷偷来往。这一切都逃不过繁漪的眼睛，她绝不甘心放手。

繁漪的儿子周冲是个单纯开朗的大男孩。他告诉母亲他喜欢四凤，想从自己的学费中分一半供四凤读书。这使繁漪感到事情已到了非解决不可的地步了。

繁漪请了刚从外地回来的侍萍来周公馆，暗示她将四凤带走，侍萍爽快地答应了。然而无意间她发现这周公馆的环境布置似曾相识。正当此时，周朴园进来了，他听出侍萍的无锡口音后，满怀追忆地向她打听侍萍。当他知道眼前的老妇人就是他以为早已过世的侍萍时，他却厉声质问："你来干什么？谁指使你来的？"痛苦万分的侍萍则只能将这一切归于命运。侍萍向周朴园提出唯一的要求：见一见她的儿子周萍。

鲁大海代表矿上的罢工工人来找周朴园谈判，鲁大海痛斥周朴园的罪恶行径，周萍上去打了鲁大海两耳光。看到自己的两个儿子骨肉相残，侍萍放声大哭。

周萍想离开家到矿上去，四凤要他把自己带走。侍萍坚决不让四凤与周萍在一起，然而四凤却哭着告诉母亲，她已怀了周萍的孩子。侍萍闻此消息如遭雷击。

正当侍萍准备自己承担罪孽，让四凤与周萍走时，繁漪来了。她为了阻止周萍与四凤走，将所有的人唤来。周朴园以为30年前的事已泄露，遂告诉周萍，四凤的母亲，就是他的亲生母亲。

受不了这么强烈的刺激，四凤跑出去触电自杀，周冲去拉她时也被电死。这时书房内一声枪响，周萍也开枪自杀了。故事的结局悲惨，但却深刻地反映了当时的社会现实。

点评

《雷雨》的确是一篇难得的优秀力作。作者于全剧的构造、剧情的进行、旁白的运用、电影手法之向舞台艺术的输入，的确是费了莫大的苦心，而都很自然紧凑，没有现出十分苦心的痕迹。

——郭沫若《雷雨·序》（日译本）

当年海上惊雷雨。

——茅盾

家
——巴金

▌相关介绍

巴金（1904年~2005年），原名李尧棠，字芾甘，四川成都人。

巴金于1927年初赴法国留学，其间完成处女作长篇小说《灭亡》，发表时开始使用巴金这一笔名。从1929年到1937年中，巴金创作了长篇小说"激流三部曲"中的《家》、《爱情三部曲》（《雾》《雨》《电》）等中长篇小说，出版了《复仇》《将军》《神·鬼·人》等短篇小说集和《海行》《忆》等散文集。以其独特的风格和多篇成功作品的创作令人瞩目，被鲁迅称为"一个有热情、有进步思想的作家"，成为当时为数不多的成功作家之一。

抗日战争爆发后，巴金在各地致力于抗日救亡文化活动，编辑《呐喊》《救亡日报》等报刊，创作有《家》的续集《春》和《秋》，长篇小说《抗战三部曲》（又名《火》），出版了短篇小说集《还魂草》《小人小事》，散文集《控诉》和《龙·虎·狗》等。

在抗战后期和抗战结束后，巴金创作转向对国统区黑暗现实的批判，创作出很有特色的中篇小说《憩园》《第四病室》和长篇小说《寒夜》等。新中国成立后，巴金曾任全国文联副主席、中国作家协会主席、中国笔会中心主席、全国政协副主席等职，并主编《收获》杂志。巴金出版有短篇小说集《英雄的故事》、报告文学集《生活在英雄们中间》、散文集《爝火集》、散文小说集《巴金近作》、随笔集《随想录》五集，以及《巴金六十年文选》《创作回忆录》等。

背景介绍

"激流三部曲"的创作,曾受到左拉的长篇小说《卢贡家族的命运》及曹雪芹的《红楼梦》的影响,它旨在讲述一个溃败的封建大家庭的悲欢离合。当巴金的《家》以"激流"的篇名在《时报》出现时,即显示出自己的特点。时代的赐予和作家的生活感知,使他把艺术的视点集中在对封建家族制度的解剖上。家,在中国是礼教的堡垒。巴金说,他写《家》的目的,就是要"宣告一个不合理制度的死刑"。他以热切的感情展现出生活中的"激流"在破败的家庭中成长起来;充满了自信和勇气,充满了爱与恨,在腐败崩溃的事物中,看到了希望,看到了崛起者的勇气与魄力。

内容概述

《家》主要讲述了这样一个故事:觉新是觉民的大哥,也是这个大家庭的长房长孙,他深爱着表妹梅,却又不得不按家庭的意愿和瑞珏结婚,并在父亲死后担负起整个家庭的重任。他每日被动而无奈地应付着大家庭内部各房之间的钩心斗角,希望通过自己的隐忍来换得安宁的日子,可事情并非像觉新想的那样简单。

"五四"运动的浪潮和弟弟们的热烈反应对觉新不是没有影响,他心里是信服这些新的东西的,但行动上却有着太多的羁绊和束缚,他是高家懦弱而听话的"大少爷"。他的生命是为别人的存在而存在的。后来觉新深爱着的梅出嫁后不久就守寡了。

美丽而温顺的少女鸣凤与三少爷觉慧相互爱慕,但是在高公馆这样的地方,使她对未来深感迷茫。因为与同学去向督军请愿,觉慧被高公馆"最高统治者"——他的祖父高老太爷训斥了一顿,并不许他出门。

为避军阀混战,梅被迫躲入高公馆,与觉新再次相遇,泪眼相对,两人心中的伤痛无法用言语来表达。

觉慧瞒着家人参加《黎明周报》的工作,撰文介绍新文化运动,抨击不合理的旧制度、旧思想、旧观念。可是就在他自己的家里,高老太爷却要把鸣凤送给年近70岁的孔教会会长冯乐山做小妾。无奈下,鸣凤投湖自尽,另一个丫鬟婉儿代替她被逼着上了花轿。家里发生的一切是觉慧无法改变的。

　　高老太爷做主,让觉民与冯乐山的孙女成婚。觉民公然违抗祖父的旨意,逃到同学家躲了起来,高老太爷勃然大怒,正在这时,传来梅去世的消息,这让觉新心如刀割,悲痛至极。

　　五叔克定在外鬼混的事传开了,高老太爷大发雷霆,前所未有的失落和悲哀突然袭击了这个每日做着"长宜子孙"的"发家梦"的老人,他一病不起,最终高老太爷病死,死前答应不再提觉民的婚事,觉民取得了抗婚的胜利。因为迷信,瑞珏在城外一间阴暗潮湿的小屋里,痛苦地死于难产,她死前喊着觉新的名字。夫妻最后也没能见上一面。

　　觉慧再也不能忍受这个家了,他要出走。觉新经过深思熟虑,决定帮助弟弟实现愿望。他瞒着长辈为觉慧安排好一切,并为他筹足了路费。

　　黎明,觉慧悄悄地走出家门,乘船到上海去了……

点评

　　我认为巴金在中国这些作家中,是最伟大的一个。不仅是因为他的小说好、文章好,最重要的是他的人格伟大。

——金庸答记者问

　　尤其是长篇小说《家》,对封建礼教家庭进行全景式的描述,激励了年轻人挣脱束缚,追求自由的新生活。这部作品深深地影响了好几代中国青年。

——程光

外国文学

孩童时期,这部书只是读来有趣,成人之后再去读,就会知道这是不朽的杰作。
——费迪曼《一生的读书计划》

荷马史诗
——荷马

▶ 相关介绍

对于作者荷马本人，由于历史资料不全，至今尚没有具体的评定，而《荷马史诗》这部著作本身也谜团重重，争论很多，构成欧洲文学史上所谓"荷马问题"。

根据推测，荷马可能是约公元前9世纪~前8世纪的一位盲诗人，他的出生地，有人说是雅典一带，有人说是希腊北部，也有人说是在希腊东部靠近小亚细亚一带；多数古代记载说他是希俄斯岛人或生在小亚细亚的斯弥尔纳人，这两处都在爱琴海东边。关于荷马的名字，也存在争议。有人说这是"人质"的意思，如果真是这样，那么荷马可能本是俘虏或奴隶出身；也有人说这个名字含有"组合在一起"的意思，那么《荷马史诗》就是由多篇民间传说组合而成；还有传说荷马是个盲乐师，因为古代的职业乐师往往是盲人，荷马是否就是这样一位专业艺人，还有待考证。大多数人认为荷马是确实存在的一位伟大诗人，他把散落在民间的口头传说整理成完整的诗篇《伊利亚特》和《奥德修纪》，以供后人享用。

▶ 背景介绍

《荷马史诗》正式成书于公元前6世纪。它包括两部史诗，分别为《伊利亚特》（又译《伊利昂纪》）和《奥德修纪》（又译《奥德赛》）。史诗的内容来源于公元前12世纪末希腊半岛南部地区的阿凯亚人和小亚细亚北部的特洛伊人之间发生的一场持续10年的战争。战争结束后，民间便有了许多传说。传说以短歌的形式歌颂战争中涌现出来的英雄及其事迹，并与古希腊神话交织在一起，由民间艺人口头传诵，代代相传，每逢盛宴或节日，就在氏族贵族的官邸中咏唱。大约在公元前9世纪~前8世纪，盲诗人荷马以短歌为基础，将之加工整理成演唱脚本，于公元前6世纪正式形成文字。公元前3世纪—前2世纪，亚历山大城的学者对文字进行编辑审订，这便是我们今天见到的《荷马史诗》。《荷马史诗》是欧洲文学最早的和最重要的作品，它为后世诗人提供了丰富的素材与灵感，促成了无数巨著的诞生。

内容概述

《伊利亚特》题名的原意是"伊利昂的故事"，主要讲述了希腊人围攻特洛伊城的故事，当时的希腊人称特洛伊为"伊利昂"。这次战争的起因是"不和的金苹果"。不和女神厄里斯因自己没有被邀请参加阿喀琉斯父母的婚礼而记恨在心。她把一个上面写着"给最美的女神"的金苹果扔在宴会桌上，引起了赫拉、雅典娜、阿佛洛狄忒三位女神的争抢，宙斯让她们去找特洛伊王子帕里斯评判。三位女神都向帕里斯许下承诺。帕里斯把金苹果判给了阿佛洛狄忒，因为她答应让帕里斯娶到世间最美的女人。之后，阿佛洛狄忒让帕里斯得到了斯巴达王墨涅拉俄斯的妻子——美丽的王后海伦，从而引发了特洛伊与希腊之间长达10年的战争。在战争开始后的第十年，希腊联军统帅阿伽门农从英雄阿喀琉斯手里抢走了美丽的女俘，阿喀琉斯愤而退出这场战役。由于阿喀琉斯拒绝出战，他的密友帕特洛克罗斯被赫克托耳所杀。阿喀琉斯因痛失好友而决心出战，为亡友复仇。最终，阿喀琉斯杀死赫克托耳，并把赫克托耳的尸首带走。伊利昂的老国王普里阿摩斯到阿喀琉斯的营帐去赎取儿子赫克托耳的尸首，协商暂时休战，为赫克托耳举行盛大的葬礼。

《奥德赛》讲述了希腊英雄奥德修斯在特洛伊战争结束后还乡的故事。赫克托耳死后，伊利昂城的战争又继续打了很久。后来阿喀琉斯被帕里斯射死，希腊英雄奥德修斯献计制造了一只大木马，内藏伏兵，特洛伊人把木马拖进城，结果希腊人里应外合，攻下了伊利昂城，结束了这场历时10年之久的战争。奥德修斯带着他的伙伴，乘船驶向自己的故乡。但他们在回国途中却遇到种种艰难险阻。《奥德赛》全书前13卷采用倒叙的方式讲述奥德修斯到菲埃克斯岛以后向国王阿尔基诺斯讲述他的遭遇。奥德修斯一行先到了喀孔涅斯人的住地，攻下了王城。然后他们到了一个食迷莲的国家，由于吃了迷莲便忘了故乡。之后他们又被独眼巨人关在巨人岛上的一个山洞里，奥德修斯沉着冷静，用酒灌醉巨人，并用燃烧的木棒灼伤了巨人的眼睛才得以逃脱。此后，女神喀尔刻把他留在一个岛上，并把他的同伴变成了猪。他还躲过了女妖诱惑的歌声，逃离怪物卡律布狄斯和斯库拉的魔爪，经过重重的艰难险阻，最后他返回家乡。与此同时，奥德修斯的妻子珀涅罗珀在故乡苦苦地等待丈夫，奥德修斯的儿子忒勒马科斯也已经长大成人，出去打听失踪已久的父亲的消息。许多势利小人以为奥德修斯已死，为夺取奥德修斯的财产，纷纷向奥德修斯的妻子珀涅罗珀求婚。珀涅罗珀则拒绝了所有的求婚者，苦苦等待奥德修斯的归来。奥德修斯经过10年的颠沛流离，终于回到家乡。他装扮成乞丐进入王宫，同儿子一起杀死了所有的求婚者，处死了帮助求婚者的奴隶，一家人终于幸福团聚。奥德修斯重新当上国王，造福国人。

点评

荷马培养了整个希腊。

——柏拉图《诗学》

莎士比亚全集
——莎士比亚

◆ 相关介绍

莎士比亚（1564年~1616年）是16世纪后半叶到17世纪初英国最著名的作家，也是欧洲文艺复兴时期人文主义文学的集大成者。现传剧本37部、十四行诗154首、长诗两首。

莎士比亚出生在英格兰的一个小镇，少年时因家道中落而被迫辍学，成年以后到伦敦谋生，当过剧院的打杂工、演员和编剧等，最后靠自己的勤奋努力而成就了他在世界文学史上不朽的辉煌。

莎士比亚戏剧按时代、思想和艺术风格的发展，可分为早、中、晚三个时期。早期从1590年~1600年，是莎士比亚人文主义世界观和创作风格的形成时期，其创作精神总体是乐观的。在这一时期，最为人所熟知的作品有《理查三世》《罗密欧与朱丽叶》和《威尼斯商人》等。中期创作从1601年~1607年，由于对现实的失望，其创作风格也越来越倾向悲观、愤慨，所写的悲剧重在揭露、批判社会的种种罪恶和黑暗，写出文学史上不朽的四大悲剧：《哈姆雷特》《奥赛罗》《李尔王》和《麦克佩斯》。晚期创作从1608年~1613年，莎士比亚因深感人文主义理想的破灭而隐居故乡，并开始写浪漫主义传奇剧，作品中带有明显的乌托邦式的空想主义色彩。主要作品有《辛白林》《冬天的故事》和《暴风雨》等。生动的情节、丰富的语言、题材的典型性和鲜明的人物个性构成了莎士比亚戏剧最大的艺术特色。莎士比亚戏剧对后世作家的影响极为深远，在世界文学史上占有极其重要的地位。

背景介绍

莎士比亚是欧洲文艺复兴时期文学史上首屈一指的代表，他创造的戏剧人物丰富多变，各有风采；剧情生动，扣人心弦，引人入胜。直到今天，只要有莎士比亚的剧目上演，观众必然会如潮水般涌入剧场。而且莎士比亚还是一名出色的语言大师，语言既有口语的活泼，又有散文的轻快和诗歌的优美，还蕴含着深刻的哲理。虽然莎士比亚只用英文写作，但他的剧作在许多国家上演，以其剧作为蓝本的电影就有六百多部，可见其影响力之大。

内容概述

莎士比亚的戏剧可大致分为历史剧、喜剧和悲剧三大类，以下主要介绍其中最著名的几部作品。

《威尼斯商人》是莎士比亚喜剧的代表作：威尼斯商人安东尼奥的朋友巴萨尼奥爱着美丽的鲍西娅，但却苦于无钱去求婚。为帮助朋友，安东尼奥向放高利贷的犹太人夏洛克借了一笔钱。夏洛克以前曾受过安东尼奥的污辱，他乘机报复，提出苛刻条件：假如安东尼奥到期还不出钱来，就要割他身上的一磅肉抵债。巴萨尼奥追求鲍西娅遇到一个考验，原来鲍西娅的父亲留下一份奇怪的遗嘱：求婚者必须在金、银、铅三个匣子中作出正确的选择才能娶到鲍西娅。巴萨尼奥通过了考验，与鲍西娅喜结良缘。然而，安东尼奥的商船在海上遇险，他不能按期归还夏洛克的钱，而夏洛克步步紧逼，执意要割安东尼奥身上的一磅肉。聪明的鲍西娅得知此事后，化装成律师来到威尼斯。她先假意赞同夏洛克的要求，接着又要求夏洛克割肉时不能让安东尼奥流下一滴血，因为借约上只写了割一磅肉而并没有说要流一滴血。

夏洛克狼狈地败诉了,鲍西娅凭着自己的聪明才智,最终获胜,救了安东尼奥。

　　《哈姆雷特》在莎士比亚悲剧中占据着最高的位置。该剧讲述了丹麦王子哈姆雷特突然之间遭遇了一系列不幸:父亲暴卒,叔父克劳狄斯篡位,母亲嫁给了叔父。这使哈姆雷特陷入了巨大的悲痛之中。后来父亲的鬼魂告诉他,是叔父毒死了自己。哈姆雷特决心为父报仇,佯装发疯以迷惑仇敌,并伺机行动。叔父克劳狄斯察觉到了危险,决定除掉他,而哈姆雷特为进一步证实真相,授意戏班进宫演了一出恶人杀兄、篡位、娶嫂的戏剧。克劳狄斯果然惊恐万分。哈姆雷特的母亲企图劝说儿子忍让,却受到了哈姆雷特的指责,在激愤中哈姆雷特还误杀了情人奥菲利娅的父亲。狡猾的克劳狄斯这时又派哈姆雷特出使英国,命人暗地将他处死,哈姆雷特得知内情后中途逃回丹麦。奥菲利娅之兄雷欧提斯要为父报仇,克劳狄斯借机安排他和哈姆雷特比武。最后,哈姆雷特在决斗中刺死了叔父,而自己也和母亲一起中毒身亡,结束了全剧。

点评

莎士比亚是人类最伟大的天才之一。

——马克思《马克思恩格斯全集》

莎士比亚达到两极,他既属于奥林匹克神界,又属于市场上的剧院。

——雨果

鲁滨逊漂流记
——丹尼尔·笛福

▶ 相关介绍

《鲁滨逊漂流记》的作者丹尼尔·笛福（1660年~1731年）出生于一个反对英国国教的新教徒家庭，父亲是商人。笛福的一生富有传奇色彩：13岁就开始经商，创办企业屡遭挫折却从不灰心；反对专制，主张民权、开明教育和信仰自由，曾经因为撰文讽刺托利党宗教政策而入狱。他又经营创办过报纸、杂志，发表了很多关于政治、经济的随笔和论文，直至59岁时才开始写小说，《鲁滨逊漂流记》既是他的第一部长篇小说，也是他最负盛名的一部小说。此后他又相继发表了《摩尔·弗兰德斯》《辛格顿船长》《大疫年日记》等小说，并享有"英国小说之父""报刊文学之父"等称号。

▶ 背景介绍

1719年，《英国人》杂志刊登了这样一则新闻：一位苏格兰水手赛尔科克与船长发生冲突，被抛弃在荒岛上孤独地生活了四年多后，变成了一个忘记了人类语言的野人。后来，一位航海家发现了他，把他带回英国。这则新闻激发了英国作家笛福的灵感，他以此为素材，从而创作了一部举世闻名的冒险小说《鲁滨逊漂流记》。

《鲁滨逊漂流记》发表于1719年，此时的欧洲，资本主义发展迅速，封建制度已成为各国前进道路上的巨大障碍。随着社会的发展，日益强大的资产阶级再也不愿与封建专制王权妥协，他们针对"君权神授"的概念，提出了"天赋人权"的理论，认为国家权力属于人民，要求法律面前人人平等，并提出"自由、平等、博爱"的口号。

资产阶级的进步思想，在很大程度上代表了劳动人民的利益，体现了民众的愿望，符合时代的发展要求。然而由于资产阶级本身的局限性，启蒙思想家的唯物主义并不彻底，他们不相信群众的力量，而把启蒙教育当作改造社会的方法。在提出"自由、平等、博爱"的同时，还要求保护私有财产，认为这是"人的自然权利"，其实这只不过是保护资产阶级私有制的权利。启蒙思想家所宣扬的理性王国，不过是资产阶级理想化的自由王国。

笛福的作品就是反映英国经济上升时期的商业资产阶级的明显代表。他的冒险小说一方面是与贵族骑士的冒险小说相对立的；另一方面，由于当时的英国社会对于游历和地理上的新发现的兴趣日益增长并引起了殖民侵略扩张，所以也反映了当时英国商业资产者向海外扩张的要求。

内容概述

出身于一个体面的商人家庭的鲁滨逊，喜欢航海，一心想去海外见识一番。他瞒着父亲出海，第一次航行就遇到大风浪，船只沉没，他好不容易才保住性命。第二次出海时，到非洲经商赚了一笔钱。第三次又遭不幸，被土耳其人俘获，成为他们的奴隶。他划着主人的小船逃跑，途中被一艘葡萄牙货船救起。船到巴西后，他在那里买下一个庄园，做了庄园主。但鲁滨逊不甘心于这样的发财致富，又再次出海，到非洲去贩卖奴隶。船在途中遇到风暴触礁，船上的水手、乘客全部遇难，唯有鲁滨逊幸存，只身漂流到一个杳无人烟的孤岛上。他用沉船的桅杆做木筏，把船上的食物、衣服、枪支弹药、工具等运到岸上，并在小山边搭起帐篷定居下来。他用简单的工具制作桌、椅等家具，捕猎野味为食，饮溪里的水，战胜了最初遇到的困难。

后来，鲁滨逊开始在岛上种植大麦和稻子，自制木臼、木杵、筛子，加工面粉，烘出了粗糙的面包。他捕捉并驯养野山羊，让其繁殖。他还制作陶器等，保证了自己的生活需要。即使这样，鲁滨逊也一直没有放弃寻找离开孤岛的办法。他砍倒一棵大树，用五六个月的时间做了一只独木舟，但船实在太重，鲁滨逊根本无法把它拖下海。

鲁滨逊在岛上独自生活了17年后的一天，他发现岛边海岸上都是人骨，而且有生过火的痕迹。原来外岛的一群野人曾在这里举行过人肉宴。鲁滨逊惊愕万分。此后他便一直保持警惕，更加留心周围的事物。直到第24年，岛上又来了一群野人，还带着准备杀死并吃掉的俘虏。鲁滨逊发现后，救出了其中的一个。鲁滨逊把被救的土人取名为"星期五"。此后，"星期五"成了鲁滨逊忠实的仆人和朋友。接着，鲁滨逊带着"星期五"救出了一个西班牙人和"星期五"的父亲。不久有条英国船在小岛附近停泊，船上水手闹事，把船长等三人抛弃在岛上，鲁滨逊与"星期五"帮助船长制伏了那帮水手，夺回了船只。他把那帮水手留在岛上，自己带着"星期五"和船长等人离开了荒岛回到英国。此时鲁滨逊已离家35年。随后他在英国结了婚，生了三个孩子。妻子死后，鲁滨逊又一次出海经商，路经他住过的荒岛，这时留在岛上的水手和西班牙人都已在那里安家、繁衍生息。鲁滨逊又送去新的移民，并将岛上的土地分给他们，留给他们各种日用必需品，才满意地离开了小岛。

点评

孩童时期，这部书只是读来有趣，成人之后再去读，就会知道这是不朽的杰作。

——费迪曼《一生的读书计划》

唐 璜
——乔治·戈登·拜伦

相关介绍

乔治·戈登·拜伦（1788年~1824年），英国19世纪杰出的诗人，欧洲浪漫主义文学的重要代表。他天生相貌英俊，但却跛足，所以情感上十分敏感。1788年出生于伦敦一个破落的贵族家庭，10岁继承男爵爵位；青年时期，在剑桥大学接受了法国启蒙思想的熏陶。大学毕业后，在上议院获得了世袭的议员席位。当时欧洲各国民主、民族革命运动正蓬勃兴起，拜伦反对专制压迫，支持人民革命，写诗为英国工人运动摇旗呐喊，因此受到反动势力的疯狂诽谤、迫害，于1816年离开英国，漂泊瑞士、意大利、希腊等地。在希腊，他亲自参加希腊志士争取独立的武装斗争，1824年，死于希腊军中。拜伦的主要作品有长诗《恰尔德·哈罗德游记》《海盗》《异教徒》《唐璜》和一些抒情诗歌。他在叙事长诗中创造的"拜伦式英雄"形象，在欧美大陆产生了巨大影响，被誉为"诗国中的拿破仑"。他的作品影响了后世的许多作家，如普希金、雨果、海涅等。

背景介绍

西班牙传说中的唐璜是14世纪时塞维利亚贵族的儿子，唐璜的领地是特诺里奥，因此称为唐璜·特诺里奥。但其他许多城市也都各有它们自己的唐璜。每一个在开始时都有自己的传说，随着时光流逝，所有这些传说逐步融合成为一个故事。这个人物在意大利语中一般被称为唐·乔万尼。

首次把唐璜这个人物写成戏剧的是莫利纳的《塞维利亚的淫棍和食客》,莫里哀也于1665年写过五幕喜剧《唐璜》,随后莫扎特于1787年为两幕歌剧《唐璜》作曲,歌词是洛伦索·达·庞特撰写的。喜剧和歌剧《唐璜》都是杰作。但这些作品主要讲述的都是唐璜追逐女性的故事,并没有多少积极的意义。拜伦选择唐璜这个传奇人物作为自己诗歌的主人公,利用他的"知名度"和冒险经历来阐述自己的理想,无疑是一种新的艺术创造。

《唐璜》是拜伦长诗代表作之一,诗中描写了唐璜在希腊、俄国、英国等地的经历,表现了唐璜的善良和正义,通过他的种种浪漫奇遇,描写了欧洲社会的人物百态以及那里的山水名城和社会风情,画面广阔,内容丰富,堪称一座艺术宝库。同时,对欧洲封建势力的君主政体进行了尖锐的抨击,对上层社会的虚伪和异族的侵略和压迫进行了讽刺和谴责。

内容概述

唐·何塞居住在西班牙南部的塞维利亚,他富有而慈祥,中年得子,取名唐璜。不久,唐·何塞逝世,夫人在儿子身上倾注了全部的心血,教他军事、艺术、科学知识,尤其注重对其进行封建伦理道德的灌输,希望他以后能成为超过其父亲的大人物。

但是,这个英俊潇洒的儿子却生性风流,16岁的时候,他就同一个贵妇人闹出风流韵事,上流社会一片哗然。母亲只好把他送到欧洲去旅行。

唐璜所乘坐的海船在前往意大利的途中遇到风暴,在海上漂流了12天。船上的东西吃光了,水手们开始吃人,唐璜不忍心吃他的老师,便跳海离开了海船。唐璜游到了海岛的岸边,被希腊大海盗兰布洛的女儿——天真纯洁的海黛所救,海黛迷上了唐璜,决定和他公开结婚。她的父亲——兰布洛突然出现,他不答应女儿的婚事,还把唐璜作为奴隶卖掉。唐璜后来加入了俄国沙皇攻打土耳其的部队,他英勇善战,立下大功。沙俄将军派他回去向女沙皇叶卡捷林娜报捷。叶卡捷林娜看上了英俊健壮的唐璜。当时英俄两国准备结成军事政治同盟,想共同对付拿破仑,叶卡捷林娜派唐璜作为外交使节到英国去商谈具体事宜。当时英国到处侵略扩张,与西班牙争夺殖民地和海上霸权,所以身为西班牙贵族的唐璜自然很憎恨英国,他到了英国见到英国的国王、大臣们以后,更加强了他对英国的憎恶。唐璜在伦敦西区住下来,开始和伦敦的贵族妇女们重复他在西班牙的那种荒唐的生活。

点评

《唐璜》是彻底的天才的作品——愤世到了不顾一切的辛辣程度,温柔到了优美感情的最纤细动人的地步……

——歌德

简·爱
——夏洛蒂·勃朗特

▪ 相关介绍

夏洛蒂·勃朗特（1816年～1855年）出生于英国北部偏僻山区的一个贫寒的牧师家庭，是英国著名的女作家。夏洛蒂·勃朗特是著名的勃朗特三姐妹之一，而三姐妹中又数她的妹妹艾米丽·勃朗特和她最为出色，她们的名字和盖斯凯尔夫人一起，构成那个时代英国女性文学的最高荣誉。夏洛蒂早年丧母，她曾和其他几个姐妹一起被送进一家条件恶劣、教规严厉的寄宿学校读书。

夏洛蒂留校任教三年后外出任家庭教师，这些经历在《简·爱》中均可以找到相应的叙述。她也曾与妹妹艾米丽一起于1842年去比利时布鲁塞尔学习法语和古典文学。

夏洛蒂自小酷爱文学，深受法国浪漫主义文学的影响，她的情感生活远没有简·爱那样充满传奇色彩，到38岁才与父亲的助手结婚，婚后过了一段短暂的幸福生活，次年便去世了。夏洛蒂的作品主要描写贫苦的小资产者的孤独、反抗和奋斗，属于被马克思称为以狄更斯为首的"出色的一派"。《简·爱》是她的处女作，也是代表作，至今仍受到广大读者的欢迎。夏洛蒂还出版过诗集，她的其他小说有《谢利》（1849年）、《维莱特》（1853年）和《教师》（1857年）等。

▪ 背景介绍

19世纪的英国，十分抵触妇女从事文学创作活动，因此在发表《简·爱》时，夏洛蒂不得不使用了一个男性化的化名柯勒·贝尔，当《简·爱》受到广泛欢迎后，对这位作家性别的猜测一时间也成为热门话题。《简·爱》的意义不仅在于使英国文坛发现了女作家夏洛蒂·勃朗特，更使全世界千千万万的女性从女主人公简·爱身上找到了追求平等与自立的信心和动力。

这是一部以爱情为主题的小说。主人公简·爱是一个纯洁、善于思考的女性，她生活在社会底层，受尽磨难。她的生活遭遇令人同情，但她那倔犟的性格和勇于追求平等幸福的精神却令人们赞赏。

小说主要描写了简·爱与罗切斯特的爱情。简·爱的爱情观深化了她的个性。她认为爱情应该建立在精神平等的基础上，只有男女双方彼此真正相爱，才能得到真正的幸福。在追求个人幸福时，简·爱表现出异乎寻常的纯真、朴实和一往无前的勇气。

内容概述

简·爱从小被舅舅收养，舅舅去世后她过着辛酸痛苦的生活，舅母和其儿女对她百般虐待。只有使女贝茜关心她。枯燥乏味的生活使简决心离开洛乌德，于是她离开了学校，到桑菲尔德庄园去做家庭教师，简的质朴善良和大方得体的谈吐赢得了庄园主人罗切斯特的好感，精神上的相互理解和相互吸引使他们默默地相爱，为了证实简对自己的感情，罗切斯特假意向美丽但却傲慢势利的贵族小姐英格拉姆求婚。但在这期间，病重垂危的舅母出于良心的谴责，将简唤回，告诉了她多年来隐瞒着的秘密：简的一位叔叔曾找过她，而出于忌恨，她告之说简已死于伤寒。简得知后原谅了她。为舅母料理完后事后归来的简终于难以忍受内

心的痛苦，大胆地向罗切斯特倾诉了对他的深情。在一个幽静的黄昏，两人互吐心扉，简幸福地接受了罗切斯特的求婚。然而就在二人要举行婚礼时，陌生人梅森带给简一个惊人的消息，罗切斯特已经有一个妻子。悲愤至极的罗切斯特向简讲述了自己的隐衷，在他年少无知的时候，在爱财如命的父亲的撮合下娶了一位西印度群岛种植园主的女儿，她就是那个被关在楼上的曾经想烧死他的疯女人。他无法面对自己将和一个精神病患者一同生活的事实，直到简走进他的生活，简的出现又燃起了他新的希望。他渴望简能谅解这一切，继续他们的幸福。然而，道德和自尊的力量使简作出了痛苦的决定，她选择离开他。

简做了一名小学教员，重新开始了一段安定平静的生活。在此期间，她意外地获得了远方未曾谋面的叔叔留给她的一笔遗产。当年轻有为、满怀宗教热情的圣约翰向她求婚，希望她与自己一道去印度传教时，她才发现自己仍深爱着罗切斯特，她仿佛听到了罗切斯特深情的呼唤。爱情的召唤使她下定决心，回到了桑菲尔德。然而，当她重新踏上这片熟悉的土地时，迎接她的却是一片残垣断壁。疯女人烧毁了庄园，自己也从房顶上掉下来摔死了，而罗切斯特为了救她，弄瞎了自己的眼睛。即使这样，简仍将自己的命运与他紧密地结合在一起。二人携手走进婚姻的殿堂。当他们的第一个孩子降生的时候，罗切斯特的眼睛也重见光明。一家人从此过着幸福快乐的生活。

点评

《简·爱》使我非常感动，非常喜欢。请代我向作者致敬，她的小说是我能花好多天来读的第一部英国小说。

——萨克雷写给小说出版公司的信

呼啸山庄
——艾米丽·勃朗特

▣ 相关介绍

艾米丽·勃朗特（1818年~1848年），19世纪英国女作家，和姐姐夏洛蒂·勃朗特（《简·爱》的作者）、妹妹安·勃朗特（《艾格尼斯·格雷》的作者）并称为"勃朗特三姐妹"。艾米丽性格内向，娴静文雅，自幼就酷爱写诗。1846年，她们三姐妹曾自费出版过一本诗集。艾米丽还创作了1937首诗，被后人认为是英国一位天才的女作家。《呼啸山庄》是她唯一的一部小说，却奠定了她在文学史上的地位。这部小说与《简·爱》《艾格尼斯·格雷》同时发表于1847年12月，但只有《简·爱》获得成功，《呼啸山庄》并不为当时读者所理解，甚至她自己的姐姐夏洛蒂也无法理解艾米丽的思想。1848年，艾米丽默默地离开了这个世界，年仅30岁。

▣ 背景介绍

艾米丽生性寂寞，自小内向的她，缄默又总带着几分以男性自居的感觉，诚如夏洛蒂所说的："她的性格是独一无二的。"少女时代，当她和姐妹们在家里"编造"故事、写诗的时候，她就显得很特别，后来收录在她们诗歌合集中艾米丽的作品总是如同波德莱尔或爱伦·坡那样被"恶"这一主题所困惑，在纯净的抒情风格之间总笼罩着一层死亡的阴影。一直到写《呼啸山庄》时，这种困惑与不安的情绪变得更加急躁，她迫切需要创造一个虚构的世界来演绎它，把自己心底几近撕裂的痛苦借小说人物之口淋漓尽致地发泄出来。因此《呼啸山庄》是饱含作者心血与情感的作品。

内容概述

英格兰北部,有一座几乎与世隔绝的"呼啸山庄"。主人恩肖收养了一个弃儿,取名希斯克利夫,让他与自己的儿女辛德雷和凯瑟琳一起生活。希斯克利夫与凯瑟琳朝夕相处并萌发了爱情,但辛德雷十分憎恶他。老恩肖死后,辛德雷不仅禁止希斯克利夫与凯瑟琳接触,还对他百般虐待和侮辱。这加剧了希斯克利夫对辛德雷的恨,也加深了他对凯瑟琳的爱。

一天,希斯克利夫与凯瑟琳秘密外出,认识了邻近的画眉田庄的小主人埃德加·林顿。这个貌似温文尔雅的富家子弟爱慕凯瑟琳的美貌,向她求婚,天真幼稚的凯瑟琳同意嫁给林顿。希斯克利夫知道凯瑟琳出嫁的消息,痛不欲生,愤然出走。

数年之后,衣锦还乡的希斯克利夫要向辛德雷和林顿进行报复。

辛德雷是个生活放荡的纨绔子弟,酗酒、赌博、肆意挥霍家产,终至穷困潦倒。连剩下的家产都抵押给了希斯克利夫,并沦为他的奴仆。希斯克利夫经常拜访画眉田庄,林顿的妹妹伊莎贝拉对他倾心不已,随他私奔。但他把她囚在呼啸山庄并折磨她,以发泄自己强烈的怨愤。

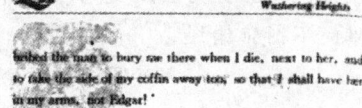

凯瑟琳嫁给林顿以后,看清了丈夫伪善的面目,内心十分悔恨。希斯克利夫的衣锦荣归,更使她悲愧交加。绝望中她病倒了,并很快就死去了,留下一个早产的女婴——凯蒂。

伊莎贝拉趁乱逃出,来到伦敦郊外,不久生了一个男孩,取名林顿·希斯克利夫。辛德雷在凯瑟琳死后不到半年便酗酒而死,而他的儿子哈里顿落入希斯克利夫的掌心,希斯克利夫在孩子身上进一步实施报复,12年后,伊莎贝拉病死他乡,希斯克利夫接回儿子,但却非常厌恶他。

希斯克利夫趁林顿病危之际,将凯蒂接来,并强迫她与儿子结婚。几天后,林顿死去,希斯克利夫又成了画眉田庄的主人。小希斯克利夫婚后不久也悄然死去。

这时,哈里顿已经23岁了,尽管被剥夺了受教育的权利,缺乏人间的温暖,但他敦厚忠实,风度翩翩。凯蒂对他产生了爱情。这让希斯克利夫大为恼怒。他决心拆散这对恋人。然而,当他再仔细观察他们时,昔日的凯瑟琳和他相爱时的情景浮现眼前。此时此刻,他心头的恨消退了,爱复活了,他不忍心再报复。他要去寻找凯瑟琳。在一个风雪之夜,他呼唤着凯瑟琳的名字,离开了尘世。

点评

《呼啸山庄》中的男男女女不是大自然的囚徒,他们生活在这个世界里,而且努力去改变它,有时顺利,却总是痛苦的,几乎不断遇到困难,不断犯错误。

——英国进步评论家阿诺·凯特尔对《呼啸山庄》的评论

红与黑
——司汤达

▍相关介绍

司汤达（1783年~1842年）是法国19世纪杰出的批判现实主义作家。他1783年出生于法国格勒诺布尔城的一个资产阶级家庭，父亲是一个有钱的律师，信仰宗教，思想保守，司汤达从小就对父亲没好感。母亲属意大利血统，思想比较自由，但过早去世。司汤达早年在外祖父的教导下，阅读了大量文艺复兴时期和思想启蒙时期的作品，并在当地中心学校里接受了新思想。毕业以后，司汤达到巴黎，参加了拿破仑的军队。1815年，他开始写作。司汤达写作勤奋，给人类留下了巨大的精神遗产：如《意大利绘画史》、游记《罗马、那不勒斯和佛罗伦萨》、文论集《拉辛与莎士比亚》。著名的小说有《瓦尼娜·瓦尼尼》（短篇），长篇小说《吕西安·娄凡》（又名《红与白》）、《红与黑》《巴马修道院》《亨利·勃吕拉传》等。

▍背景介绍

《红与黑》的创作取材于一则社会新闻：一个铁匠的儿子安杜扬·贝尔特经神父推荐，去米苏家担任家庭教师。不久，他和米苏夫人发生了暧昧关系，真相暴露后，出于怨恨和绝望，贝尔特在教堂里枪杀了米苏夫人，因此被判死刑。司汤达根据这条社会新闻，构思了一部题名为《于连》的小说，但这桩普通的刑事案件无法体现他对封建复辟的痛恨。于是，他重新构思并不断修改情节，将保皇党的阴谋活动作为中心事件写进了小说。1830年5月，他又把书名改为富有象征意义的《红与黑》，再加上副标题"1830年纪事"。这部作品成为杰出的批判现实

主义的文学名著。

《红与黑》是19世纪欧洲批判现实主义的奠基作品。作品所塑造的"少年野心家"于连是一个具有高度典型意义的人物形象,他充满激情、处心积虑、渴望成功。于连已成为个人奋斗的野心家的代名词,书名"红与黑"是于连野心勃勃的象征,"红"是军服的颜色,"黑"则是神父长袍的颜色。这种"红"与"黑"的野心和梦幻,渗透了于连的灵魂,左右着他的一切言行,直至他走上断头台。

内容概述

故事发生在法国革命前夕的动荡年代。

主人公于连是维立叶尔小城里一个木匠的儿子。他对自己卑微的出身深感耻辱,希望当一名神父。于连以惊人的记忆力,把一本拉丁文《圣经》背熟,并因此进入市长德·瑞那家里做了一名家庭教师。

相貌出众、野心勃勃而又才华横溢的于连,点燃了德·瑞那夫人心中爱情的火焰。两人沉浸在狂热的爱情里,风声传遍了整座城市。德·瑞那将于连送去省会贝尚松的神学院学习。

初到神学院的于连,受到院长彼拉的重视,也受到想夺取院长职位的主教的排挤。后来,于连经人介绍当上了侯爵的私人秘书。于连离开神学院,兴奋异常,随即回到了维立叶尔,半夜里他翻越层层围墙,在离别14个月后重新见到德·瑞那夫人。于连在她的卧室里度过了整整一天,后来被人发现才仓皇逃走。

于连到达巴黎后,由于他的敬业、沉着和聪明,极端保皇党人侯爵慢慢将其视为心腹。于连还获准同侯爵家的成员一起进餐,与侯爵的客人们相处,使他很快就学会了上流社会的生活艺术。特别是在侯爵女儿玛特尔小姐的眼里,他已完全脱去了外省人的土气。于连的骄傲和才干使她感到惊异,而于连对她的冷漠更使她芳心大动。为了考验于连的胆量,她要于连在明亮的月光下用梯子爬进她的卧室。于连满腹狐疑地照做了,于是玛特尔当晚便委身于他。

不久,玛特尔发现自己怀孕了。她写信告诉父亲,要和于连公开结婚。侯爵虽恼怒万分,但只得让步。为了女儿的将来着想,他赐予于连一笔财产、一个贵族头衔和一个军官职位。

正当于连得意忘形时，一件他意想不到的事情发生了。侯爵收到了一封德·瑞那夫人的来信，信中披露了她与于连的关系。侯爵当即拒绝了于连同女儿的婚事。于连得知这一消息后，恼羞成怒，骑马赶到维立叶尔，在教堂里向正在祷告的德·瑞那夫人连开两枪。于连被捕了，在昏暗的监狱里，他的野心已全部破灭。玛特尔为营救他而四处奔波，但于连并不感动。公审时，于连当众宣布他不祈求任何人的恩赐，结果因蓄意杀人被判了死罪。未受致命枪伤的德·瑞那夫人不顾一切前去探监。于连这才知道，她写给侯爵的那封信，是由听她忏悔的教士起草并强迫她誊写的。他们宽恕了彼此。在生命的最后时刻，于连再一次尝到了幸福的味道。

一个晴朗的日子，于连从容地走上了断头台。玛特尔亲手埋葬了他的头颅。德·瑞那夫人在于连死后的第三天也离开了人世。

点评

《红与黑》是一部现实主义作品。它是从现实中产生的。从来没有一部小说具有这样的科学意义和历史意义。

——阿拉贡《浅谈〈红与黑〉》

欧也妮·葛朗台
——巴尔扎克

相关介绍

巴尔扎克（1799年~1850年）于1799年出生于法国中都图尔市一个中产阶级家庭，1816年进入法律学校学习。在校期间，他曾在律师事务所做过文书，这使他开始认识到巴黎的真实面目，了解了很多不为法律所制裁的恶事。

巴尔扎克毕业后毅然走上了文学创作道路，但是他的第一部作品五幕诗体悲剧《克伦威尔》却完全失败。尔后，他曾一度弃文从商，出版名著丛书等，但均以失败告终。1829年，他发表了一部历史小说《舒昂党人》，这是他的成名作。1829年~1849年是他创作的鼎盛时期，他进行了规模宏大的《人间喜剧》的创作，但终因劳累过度，于1850年逝世。

巴尔扎克一生创作颇多，仅收入《人间喜剧》的长、中、短篇小说就多达九十多部，给人类留下了丰富的文化遗产。

背景介绍

本书于1833年年底首次发表，1834年收入《人间喜剧》第五卷，属"外省生活场景"。1839年11月发行单行本，自称是"最出色的画稿之一"。小说中的葛朗台是巴尔扎克刻画得最成功的吝啬者形象之一，是资本主义社会初期大资产者的典型形象。

巴尔扎克创作这篇小说时正值法国社会充满了尖锐复杂的阶级斗争时期。1830年七月革命推翻了波旁王朝，但革命胜利的果实被资产阶级君主立宪派篡夺，他们搜刮民财，控制国家经济命脉，严重损害了工农和中小资产阶级的利益。1831年，里昂工人起义，标志着法国历史上工人阶级已经作为一个独立的阶级力量出现。1832年,巴黎发生拾荒者骚动。在1833年至1834年之交的冬季,巴黎举行了各行业工人的罢工运动,他们要求改善劳动人民的物质生活条件,提高工资。

《欧也妮·葛朗台》创作于1833年最后几个月,这时的巴尔扎克虽然参加了保王党,但他不改初衷,保持中小资产阶级的观点,同情人民疾苦,揭露批判贵族资产阶级。

内容概述

在法国索漠城的一个老宅子里住着当地最有钱、最有威望的葛朗台老头。他以吝啬著称。他穿戴朴素,餐桌上也没有美酒佳肴,面包由女仆拿侬做,寒冬腊月舍不得生火取暖,平时还要克扣女儿和妻子的零用钱。他做木桶生意,很多人都吃过他的亏。

1819年1月中旬的一天,是葛朗台的独生女儿欧也妮的23岁生日。那天,公证人克罗旭一家、索漠初级裁判庭庭长蓬风先生和银行家格拉桑一家带来了鲜花与欧洲极为少见的好望角欧石楠,来向欧也妮献殷勤,这一切,老奸巨猾的葛朗台心里都明白:他们都是为了他的金钱和陪嫁才来争夺他的女儿的。正当他们兴致勃勃地打牌时,突然葛朗台的侄子,22岁的查理到来。原来查理的父亲因无钱偿还债务而破产,准备自杀,临死前,他让儿子查理去投奔伯父。

葛朗台看到兄弟的绝命书后不动声色,直到第二天才告诉查理,他不愿承担什么义务。查理可怜的处境得到欧也妮的同情,她把自己积蓄的600法郎全部送给查理,作为他去印度做生意的本钱。查理十分感激,他把母亲给他的金梳妆匣留给欧也妮作为纪念,两人海誓山盟,订下终身。查理离开索漠,起程去了印度。

新年到来时,葛朗台照例要看女儿存的金币,当他发现女儿的金币不见了,便猜到欧也妮把钱给了查理,于是大发雷霆,将女儿锁在房里,只给冷水和面包。为此,葛朗台太太吓病了。

此后,葛朗台太太因病于1822年10月去世了。葛朗台通过公证人让女儿签署了一份放弃母亲遗产的文件,把全部家产放在自己名下。

1827年,82岁的葛朗台已经无力再管理家产,才让女儿参与管理田产。不久,葛朗台因风瘫而死。

葛朗台死后，留下1 700万财产。欧也妮继承父业，她还在痴心等待查理。可是，见识过众多女子的查理，早把乡下的堂姐忘在了脑后。欧也妮得知查理无情负心的消息后，一气之下答应与蓬风庭长结婚，但只做形式上的夫妻，并帮助查理还清了欠款。几年后，蓬风当了法院院长，但他当上索漠议员后的第8天就死去了，33岁的欧也妮成了寡妇。于是，城里的人又开始包围这个寡妇，向她献殷勤。

点评

《人间喜剧》是现实主义的最伟大的胜利。

——恩格斯

《恩格斯致玛·哈克奈斯》

巴黎圣母院
——维克多·雨果

相关介绍

雨果（1802年~1885年），19世纪法国浪漫主义运动的领袖，著名的诗人、小说家、文学评论家和政论家。雨果于1802年出生在法国的贝尚松城，他自幼多才多艺，热衷于文学，十分崇拜浪漫派作家夏多勃里昂。少年时代的雨果受母亲影响，政治上倾向于保守主义，第一部诗集《颂诗集》（1822年）因歌颂国王与天主教而受到路易十八的嘉奖。

19世纪20年代中期，查理十世推行的一系列反动政策令雨果的政治态度开始转变，他与缪塞、大仲马等人组织第二文社，公开反对古典主义。1827年，他发表了著名的《〈克伦威尔〉序言》，对当时统治法国文坛的古典主义展开了全面的清算和尖锐的批判，并提出了崭新的浪漫主义诗学理论主张。他的主张被誉为法国"浪漫主义的宣言书"。二三十年代，雨果以丰富的诗歌、戏剧以及小说创作，进入了他的第一次创作高潮，显示了浪漫主义文学的创作实绩。这时期的作品主要有：诗集《东方吟》（1829年）、《黄昏之歌》（1835年）、《心声集》（1837年）、《光与影》（1840年）等；剧本《欧那尼》（1830年）、《国王寻乐》（1832年）、《玛丽·都铎尔》（1833年）、《吕伊·布拉斯》（1838年）等；小说方面，创作了著名的长篇小说《巴黎圣母院》（1831年）。

由于在文学上取得了辉煌成就，1841年雨果当选为法兰西学士院院士，1845年被授予贵族称号。但由于反对路易·波拿巴的独裁帝制，

1851年被迫流亡海外长达19年之久。这一时期，雨果并没有消极沉沦，而是与拿破仑三世作斗争，出现了他创作的第二个高潮。他在这一时期创作了政治讽刺诗集《惩罚集》，抨击了拿破仑三世的独裁统治，在法国引起了强烈的反响。长篇小说是雨果在这一时期最突出的成就，主要有《悲惨世界》（1862年）、《海上劳工》（1866年）、《笑面人》（1869年）等。尤其是《悲惨世界》，卷帙浩繁、规模宏大，是现实主义与浪漫主义相结合的艺术珍品，被誉为"社会史诗"。

1870年，拿破仑三世下台，雨果结束了流亡生活回到巴黎，继续积极参加政治斗争。在他的晚年完成了诗体日记《凶年集》（1872年），还创作了著名的长篇小说《九三年》（1874年）。1885年雨果病逝于巴黎，法兰西举国致哀。

雨果一生的创作期长达60年以上，著作甚多，包括诗歌、戏剧、小说、文艺理论、政论等，他的作品中贯穿着人道主义激情，是法国文学和人类文学宝库中一份珍贵的文化遗产。

背景介绍

19世纪20年代中期以前，雨果受崇信君主政体和天主教的家庭教师和母亲的影响，他的政治立场和文艺观都是保守的。政治上因把拿破仑视为"践踏世界的暴君"，得到路易十八和查理十世的赏识；文学上仿效古典主义，为复辟王朝和天主教唱颂歌。

1826年，随着国内反对查理十世的斗争和国际上争取独立解放的革命浪潮对神圣同盟的冲击，雨果的政治和文艺思想都发生了巨大的变化。这一年，他和维尼、缪塞、大仲马、诺迪埃等组成了浪漫主义第二文社，用理论文章和创作实践同古典主义进行斗争，并发表《〈克伦威尔〉序言》。1830年2月25日在法兰西剧院演出的《欧那尼》，是雨果在创作实践上一次大胆的尝试，是浪漫主义和古典主义的一场决战。这场演出获得了极大成功，这标志着浪漫主义对古典主义的彻底胜利，也是法国文学史上的重要事件。

1831年问世的《巴黎圣母院》主要描写了法国风云变幻、阶级斗争激烈的年代，反映了20年代历史小说对雨果的影响。《巴黎圣母院》的出版是雨果对自己的保王主义作的一次清算，表达了他对波旁王朝和天主教会的憎恶，因而，小说鲜明地体现了反国王、反教会的意识和对人民群众的赞颂。这部小说把浪漫主义文艺观扩大到长篇小说领域，被誉为浪漫主义的代表作品,既受到了法国人民的喜爱,也赢得了世界读者的赞赏。

内容概述

1482年的愚人节,整个巴黎沉浸在欢乐的气氛中。在格雷弗广场上,靠街头卖艺为生的吉卜赛女郎爱斯梅拉尔德和小羊加里的精彩表演吸引了不少围观的群众,不时赢得人们的掌声和叫好声。巴黎圣母院的副主教克洛德用一双贪婪的眼睛直盯着爱斯梅拉尔德。在他的眼前有两条路供他选择,或者不惜一切代价占有她;或者置她于死地,以求自己灵魂的安宁。此时,第一种选择占了上风。

与此同时,广场上还在进行"愚人之王"的选举,选举的规则是谁长得最丑陋,谁笑得最傻、最难看谁就有望当选。巴黎圣母院的敲钟人加西莫多被选中。在16年前,副主教克洛德出于怜悯收养了畸形儿加西莫多。加西莫多渐渐懂事后,对克洛德感恩戴德,唯命是从。

傍晚时分,人们渐渐散去,受命于克洛德的加西莫多劫持了爱斯梅拉尔德,爱斯梅拉尔德奋力反抗,高声呼救。闻讯赶到的近卫弓箭队队长法比思解救了爱斯梅拉尔德,擒获了加西莫多。第二天,格雷弗广场上搭起了临时刑台,加西莫多跪在转盘上任人鞭笞。克洛德目睹此景,为了保全自己的身份,竟无动于衷。加西莫多口渴难忍。这时,手提水罐的爱斯梅拉尔德走上刑台,把水送到加西莫多嘴边。加

西莫多发现她竟是昨晚自己劫持的姑娘时,羞愧和感激的泪水不禁夺眶而出。

克洛德无意中得知了爱斯梅拉尔德和法比思约会的消息,他趁二人约会之际用匕首刺入法比思的胸膛后跳窗潜逃。

国王的近卫队队长竟遭此毒手,此事在王室的宗教法庭引起了轩然大波。检察官认定是爱斯梅拉尔德刺杀的法比思,爱斯梅拉尔德最后屈打成招。等待着她的命运是若干天后被送上绞刑架。爱斯梅拉尔德在漆黑的地牢里,虚弱极了。一天夜晚,副主教克洛德来到监狱,跪在爱斯梅拉尔德面前忏悔,并建议她和他一起逃走,爱斯梅拉尔德拒绝了他的"好意"。

其实,法比思并没有死。就在刽子手要行刑时,加西莫多从教堂冲了出来,只身劫法场,救走了爱斯梅拉尔德,将她带进了教堂——一个不受法律管辖的地方。见到这一壮举,群众中爆发了一阵欢呼,他们被加西莫多的真情感动了。

从此,加西莫多成了爱斯梅拉尔德忠实的朋友。他对她怀有纯真的爱慕之情,甘愿为她赴汤蹈火。不久,宗教法庭扬言教堂圣地不容女巫亵渎,要无视避难权予以捉拿。巴黎的流浪人和乞丐们闻讯后,于夜晚前来攻打巴黎圣母院,营救爱斯梅拉尔德。耳聋的加西莫多不明意图,孤身奋战,全力阻止流浪人和乞丐们进入教堂。混战中,爱斯梅拉尔德再次落入克洛德的魔爪中。克洛德把爱斯梅拉尔德带到格雷弗广场的绞刑架前,逼迫爱斯梅拉尔德在他与绞刑架之间进行选择。爱斯梅拉尔德宁死也不肯就范,气急败坏的克洛德把爱斯梅拉尔德暂交给荷兰塔的女修士看管,自己去叫官兵。这个女修士发现爱斯梅拉尔德竟是自己15年前丢失的女儿,母女相认悲喜交加,但相逢的喜悦却变成了诀别的哀号。克洛德带领官兵赶到,母亲极力保护女儿,刽子手却把她推倒在绞台下,致使她当场身亡。

爱斯梅拉尔德的性命危在旦夕。在教堂顶楼观看这一幕的克洛德发出了狰狞的狂笑。加西莫多发现爱斯梅拉尔德不见后,急得四处寻找,也奔上了教堂的顶楼。当他意识到这一幕的导演者就是克洛德时,一怒之下把他的"恩人"从高高的顶楼上推了下去。克洛德像一块掉落的瓦片,跌落在街石上,没了人形。

在爱斯梅拉尔德被处以绞刑的第二天,她的尸体便被人收走了。此后,加西莫多也失踪了。两年以后,在鹰山的墓窖里,人们发现两具紧

紧抱在一起的尸体，其中男尸脊骨弯曲。当人们试图把这两具尸体分开的时候，尸骨便立即化成了尘土。两颗纯真善良的心终于可以在一起了。

点评

《巴黎圣母院》是一部宏伟而富有意义的充满想象的创作……雨果的思维以大教堂为起点，构想出年代久远、早已消逝的巴黎的全貌。雨果把那些久远年代的信仰、迷信、习俗、艺术、法律和人类的情绪，用一种壮阔而遒劲的笔触为我们描绘得栩栩如生。

——勃兰兑斯《十九世纪文学主流》

基督山伯爵
—— 亚历山大·大仲马

相关介绍

大仲马（1802年~1870年），法国19世纪浪漫主义作家。他的祖父是侯爵，与黑奴结合生下其父，名亚历山大，受洗时用母姓仲马。法国大革命爆发后，大仲马屡建奇功，当上共和政府将军。大仲马终生信守共和政见，反对君主专政，憎恨复辟王朝，反对第二帝国。他饱尝歧视的痛苦，心中受到创伤，家庭出身和幼年的经历使大仲马形成了反对不平、追求正义的性格。

大仲马自学成才，一生创作各种类型的作品达300卷之多，主要以小说和戏剧著称于世。大仲马的剧本《亨利第三和他的宫廷》（1829年）是一出浪漫主义戏剧，完全突破了古典主义戏剧的"三一律"。

大仲马的小说多达百部，大都以真实的历史为背景，以主人公的奇遇为内容，情节曲折生动，处处引人入胜，堪称历史惊险小说。最著名的是《三个火枪手》（旧译《三剑客》）、《基督山伯爵》。

大仲马被别林斯基称为"一名天才的小说家"，也是马克思"最喜欢"的作家之一。

背景介绍

1842年作者在地中海游历时，对基督山岛产生了兴趣，打算以它为主题写一部小说。大仲马在1838年出版的《关于路易十四以来巴黎警察局档案的回忆录》中，发现了一个《复仇的金刚钻》的故事，其内容是巴黎一个制鞋工人将要结婚时，被一个嫉妒他的朋友诬告而入狱7年，出狱后得到一个米兰教士的照顾，并在教士死后获得了一个秘密宝藏，然后他化装回到巴黎复仇，最后自己也被人杀死。大仲马仔细研究了这份资料，与人一起制订了写作计划，于1844年开始在报纸上发表，曾轰动一时。

内容概述

1812年2月底，"埃及王"号远洋货船年轻的代理船长爱德蒙·邓蒂斯回到马塞港。老船长病死在途中，并托付邓蒂斯把船开到一个小岛上去见囚禁中的拿破仑。拿破仑委托邓蒂斯带一封密信给在巴黎的亲信。结果，准备和相爱多年的女友结婚的邓蒂斯在婚礼上被捕了。因为，在货船上当押运员的邓格拉斯一心要取代邓蒂斯的船长地位，便和邓蒂斯的情敌——弗南勾结，把一张告密条送到了当局的手中。审理这个案子的是代理检察官维尔弗，当他知道密信的收信人是自己的父亲时，为了确保自己的前途，他将邓蒂斯定罪为极度危险的政治犯，将其投到了孤岛上的死牢里。

邓蒂斯在死牢里度过了14个年头，在一位好心神甫的教授下，邓蒂斯学会了好几种语言，并得知了一个秘密：在一个叫做基督山的小岛上埋藏着一笔惊人的财富。有一天，老神甫病死了。邓蒂斯灵机一动，钻进了盛放神甫尸体的麻袋中，结果狱卒将他当作神甫扔进了大海。在海水中，邓蒂斯用刀划破麻袋，游到了附近的一个小岛上。次日，一条走私船救了他，他很快和船员们成了朋友。

他在基督山岛上找到了宝藏，成为一名亿万富翁。他现在的目标只有一个，那就是复仇。在复仇之前，邓蒂斯决定先要报恩。"埃及王"号的船主是一个忠厚、勇敢而且热情的人。他曾帮助过邓蒂斯，可是现在他破产了，绝望当中，他准备自杀。邓蒂斯知道后，替他还清了债务，又送给他女儿一笔丰厚的嫁妆，还送给他一艘新的"埃及王"号。邓蒂斯得知自己的未婚妻已经同弗南结了婚，而自己的老父亲在病中抑郁而死。他的仇恨之火越燃越旺，他在为复仇作了8年的准备之后回到了巴黎，摇身一变成为银行家基督山伯爵。此时，维尔弗是巴黎法院检察官，邓格拉斯成了银行家，弗南成了伯爵、议员，三个人都飞黄腾达，地位显赫。

基督山伯爵的目标首先是弗南。他在报纸上披露了弗南在希腊出卖和杀害了阿里总督的事实，这使得弗南名誉扫地，狼狈不堪。

弗南本来寄希望于儿子同基督山伯爵决斗，以此"雪耻"，但他的妻子（邓蒂斯的未婚妻）早就认出了基督山伯爵就是邓蒂斯，她把真相告诉了儿子。最后弗南的儿子不顾自己的名声，与基督山伯爵讲和，并决定同母亲一起抛弃沾满了鲜血的家产，不辞而别。弗南失魂落魄地回到家里，在极度害怕与绝望中自杀了。

基督山伯爵的第二个仇人就是邓格拉斯。他在投机事业中连续打击了邓格拉斯，使他折损巨款，几近破产。为了避免银行倒闭，邓格拉斯将女儿嫁给了一个打扮成意大利亲王的儿子的逃犯。在婚礼上，宪兵逮捕了这个逃犯，让邓格拉斯出了大丑。在万般无奈之下，邓格拉斯窃取了济贫机构的500万法郎逃往意大利。途中，他落在了基督山伯爵的强盗朋友的手上。邓格拉斯饱受折磨和惊吓，短时间内头发全白了。

基督山伯爵最大的仇人是维尔弗，他决定用更残忍的手段全面摧毁维尔弗的一切。他先买下了维尔弗以前的一处住所，在这里维尔弗曾企图残忍地活埋自己和邓格拉斯夫人的私生子。基督山伯爵得知：维尔弗的后妻企图让自己的孩子独自继承遗产。于是他假装无意之中透露给她一个毒药配方，她利用这种毒药毒死了维尔弗的前岳母、老仆人，并阴谋毒死其前妻的孩子。由于某些关系，基督山伯爵对孩子进行暗中保护，并让她暗中观察到了继母下毒的过程。最后，基督山伯爵将这个孩子送到了基督山岛上。维尔弗发现妻子因为罪行败露已经服毒自杀，并毒死了自己心爱的儿子，在巨大的打击之下，维尔弗疯了。

小书本 大世界

基督山伯爵大仇已报,他深深地感谢上帝。在他看来,他所作的一切都是秉承上帝的旨意。他说:"现在我的工作完成了,我的使命终止了。巴黎,告别了!"于是,他便同收养的阿里总督的女儿海蒂一起离开了巴黎。

点评

《基督山伯爵》充分显示了大仲马逻辑思维的超凡脱俗,构织故事情节独具匠心,刻画人物别具特色。一个多世纪以来,尽管人事沧桑,星移斗转,该书始终风靡于世,脍炙人口,一直久畅不衰,成了一部受世人推崇的世界文学名著。

——王学文《三剑客·译序》

茶花女
——小仲马

▶ 相关介绍

法国小说家、戏剧家小仲马（1824年~1895年）是著名作家大仲马同一个女裁缝的私生子。

小仲马的身份直到7岁时才被大仲马承认，但大仲马仍不认其母为妻。这种切身的精神创伤影响了他的创作，他一生都把探讨资本主义社会的道德问题当做自己创作的中心主题。1848年小说《茶花女》的成功，使小仲马一举成名。1852年，根据小说改编的同名话剧的演出引起了更大的反响。从此，小仲马就致力于戏剧创作，他一生写过20多个剧本，比较有名的有《半上流社会》（1855年）、《金钱问题》（1857年）、《私生子》（1858年）、《放荡的父亲》（1859年）、《欧勃雷夫人的见解》（1867年）、《阿尔丰斯先生》（1873年）、《福朗西雍》（1887年）等，其中大多以妇女、婚姻、家庭等问题为题材，以严谨的结构、流畅的语言、浓郁的抒情气息真切、自然地反映了19世纪末期法国社会的现实生活。

▶ 背景介绍

茶花女原名叫阿尔丰西娜·普莱希，她成为风月场上的交际明星后，改名为玛丽·迪普莱希。玛丽生性偏爱茶花，每逢外出，随身必带茶花，其颜色时红时白。传说，她选择的茶花的颜色，是她暗示给客人的信号：红色表示这一天不能接待客人，白色则意味欢迎来访，或许这正是"茶花女"得名的由来。

小仲马与玛丽相识后,两人互为对方的气质所吸引,很快便坠入爱河。然而,小仲马的性格中仍有纨绔子弟的一面,而玛丽又是一位风尘女子,这一切都决定了他们之间的这段感情是相当复杂的。不久,小仲马和玛丽·迪普莱希分手。

1846年10月,小仲马获悉了玛丽的死讯,这位多情的作家被触动了。他仅用4个月就写出了这本小说,在玛丽去世后一周年公开发表,在巴黎文坛引起了巨大的轰动。

小说和话剧《茶花女》为我们塑造了一批生动、鲜明的艺术形象。女主人公茶花女玛格丽特美丽、聪明而又善良,虽然沦落风尘,但依旧保持着一颗纯洁、高尚的心灵。她充满热情和希望地去追求真正的爱情生活,而当希望破灭之后,又甘愿自我牺牲去成全他人。这一切都使这位为人们所不屑的烟花女子的形象闪烁着一种圣洁的光辉,以至于人们提起"茶花女"这三个字的时候,首先想到的不是妓女,而是一位美丽、可爱又值得同情的女性。

内容概述

玛格丽特是个贫苦的乡下姑娘,来到巴黎后,被生活所迫做了妓女。由于生得花容月貌,巴黎的贵族公子争相追逐,使她成了红极一时的"社交明星"。她随身的装扮总是少不了一束茶花,所以人称"茶花女"。后来,玛格丽特爱上了深爱她的青年阿尔芒,爱情激发了玛格丽特对生活的信心,她决心摆脱百无聊赖的欢场生活。经过努力,玛格丽特和阿尔芒在巴黎郊外租了一间房子。失去经济来源的玛格丽特背着阿尔芒典当了自己的金银首饰和车马来支付生活费用。阿尔芒了解后,决定把母亲留给他的一笔遗产转让给玛格丽特,以还清玛格丽特所欠下的债务。经纪人要他去签字,他离开玛格丽特去巴黎。在这期间阿尔芒的父亲杜瓦先生威胁玛格丽特,让她与阿尔芒绝交。

玛格丽特非常悲伤地给阿尔芒写了封绝交信,然后回到巴黎,又开始了昔日的荒唐生活。阿尔芒也怀着痛苦的心情同父亲回到了家乡。

但阿尔芒仍深深地怀念着玛格丽特,他失魂落魄地来到巴黎。但由于误会两人不但没有走到一起,反而互相伤害更深。玛格丽特受了这次伤害后便一病不起。弥留之际,她不断地呼唤着阿尔芒的名字,但她始终没有再见到她心爱的人。

玛格丽特死后,只有一个好心的邻居米利为她入殓。当阿尔芒重回巴黎时,米利把玛格丽特的一本日记交给了他。从日记中,阿尔芒才了解了她高尚的心灵。阿尔芒怀着无限的悔恨与惆怅,为玛格丽特迁坟安葬,并在她的坟前摆满了白色的茶花,以此来表达自己的内疚和对玛格丽特的无尽怀念。

点评

仅凭了一部《茶花女》,已经足够使小仲马在法国文学史上占得一席不朽的地位,而且他连带地使普列茜丝女士(即茶花女原型)不朽了。

——叶灵凤

汤姆叔叔的小屋
——期陀夫人

相关介绍

斯陀夫人（1811年~1896年），美国废奴文学的杰出代表。她生于美国康涅狄格州，父亲是牧师。她自幼笃信宗教，成年后关注社会，具有民主思想。1832年她随父亲迁往辛辛那提市担任教员。他们一家积极参与援助逃亡奴隶的活动。她对黑人奴隶的遭遇十分同情。对奴隶制度深恶痛绝。1852年创作了揭示美国南部种植园奴隶制度的残暴和黑奴痛苦的长篇小说《汤姆叔叔的小屋》，从而一举成名。1856年根据黑奴起义领袖德雷德·司各特的事迹创作了另一部长篇小说《德雷德，阴暗的大沼地的故事》。此外，斯陀夫人还发表过一些描写新英格兰风土人情的小说，如《奥尔岛上的明珠》（1862年）、《老镇上的人们》（1869年）等。

背景介绍

《汤姆叔叔的小屋》出现在美国内战前10年，当时正是美国废奴运动开展得如火如荼的时代。作者及她的丈夫卡尔文·斯陀都是坚定的废奴主义者。她本人就曾去过南方，亲自了解那里的情况。1850年，美国国会通过了"妥协法案"，该法案加重了黑人奴隶的悲惨命运，因此斯陀夫人决心用自己的文学创作来让人们充分意识到黑奴的悲惨处境。此书于1852年首次在《民族时代》刊物上连载，立即引起了强烈的反响，受到了人们的热烈欢迎。评论界认为本书在启发民众的反奴隶制情绪上起了重大作用，被视为美国内战的起因之一。林肯总统后来接见斯陀夫人时曾戏谑地称她是"写了一本书，酿成了一场大战的小妇人"，这句话充分反映了《汤姆叔叔的小屋》这部长篇小说的巨大影响。

内容概述

肯塔基州的谢尔比农场上，一群黑奴在充满温情关怀的主人家中过着平静幸福的生活。但不幸的是，谢尔比家族经商失败，为了还债，谢尔比被迫决定把两个奴隶卖掉。这两个奴隶一个是汤姆，他是家奴总管，颇得黑奴的尊重和主人的欢心，连主人的儿子都非常喜欢他，称他为汤姆叔叔。另一个要被卖掉的奴隶是黑白混血侍女伊丽莎的儿子哈利，伊丽莎听说这一消息决定带着她的儿子连夜逃走。

在奴隶贩子的追捕下，伊丽莎冒着生命危险跳下浮冰密布的俄亥俄河，并在好心人的帮助下逃到了一个保护逃亡黑奴的村庄。不久，她的丈夫乔治·哈里斯也趁机逃了出来，与妻子会合。他们带着孩

子，历经艰险，终于在废奴组织的帮助下，成功地抵达了自由的加拿大。

汤姆因主人要卖他抵债，内心十分痛苦，但他没有怨言，也没有出逃，甘愿听从主人的摆布，最终被转卖到新奥尔良，成了奴隶贩子海利的奴隶。在一次溺水事故中，汤姆在船上救了一个奴隶主的小女儿伊娃的命，在伊娃的恳求下，孩子的父亲买下了汤姆。汤姆在圣·克莱家当了马车夫，并与小女孩成了好朋友。伊娃甚至帮他写了一封家信，在信中汤姆还是希望旧主人能够将他赎回去。但不久后，小女孩突然病死，临死前恳求父亲释放汤姆，圣·克莱答应将汤姆和其他黑奴释放。可是还没有来得及办妥释放的法律手续，圣·克莱就在一天晚上被人杀死了。冷酷的圣·克莱太太将汤姆和其他奴隶送到黑奴市场拍卖。汤姆落到了极端凶残的"红河"种植园主莱格利手中。在莱格利的庄园里，所有的黑奴被逼迫成年累月地干着沉重的工作，过着非人的生活。汤姆忍受着这非人的折磨，但却热心于帮助其他黑奴。一天，这个种植园有两个女奴为了求生暗中逃走，莱格利断定汤姆知道她们的藏身之处，于是把汤姆捆绑起来，严刑逼供。但是汤姆紧闭牙关，最后什么都没有说。

就在汤姆奄奄一息的时候，谢尔比的儿子乔治·谢尔比赶来赎买汤姆，但是汤姆已经无法接受他过去的小主人迟来的援手，遍体鳞伤地离开了人世。但他对于能够在临死前看到乔治，还是深感安慰。乔治·谢尔比狠狠地揍了莱格利一拳，然后悲伤地埋葬了汤姆。他发誓要铲除这可恶的奴隶制，因此回到家乡肯塔基后，小谢尔比就以汤姆大叔的名义释放了他家里的所有黑奴，并提醒他们不要忘记他们的自由要归功于汤姆大叔。

点评

要是没有斯陀夫人的《汤姆叔叔的小屋》，林肯也就不可能当选为美国总统。

——查尔斯·萨姆纳

飘
——玛格丽特·米切尔

相关介绍

1900年11月8日，玛格丽特·米切尔（1900年~1949年）出生于美国佐治亚州亚特兰大市的一个律师家庭。自孩提时起，玛格丽特就时时听到她父亲与朋友、邻居们谈论战争。玛格丽特从小就受到良好的教育，曾就读于亚特兰大的斯密斯学院，成年后获文学博士学位。她曾在亚特兰大新闻报做记者，成就卓越。1949年，米切尔在一次交通事故中不幸身亡，英年早逝。她一生短暂，除《飘》以外，未能留下更多的佳作。

背景介绍

《飘》这部小说以美国的南北战争为背景，以女主人公的爱情悲剧及南方奴隶主在战争中的节节失败为线索，展示了动乱年代南方人民的生活，同时作者也表露出反对奴隶制，支持北方革命的思想。由于家庭的熏陶，米切尔对美国历史，特别是南北战争时期美国南方的历史产生了浓厚的兴趣。她在家乡听闻了大量有关内战和战后重建时期的种种逸事和传闻，接触并阅读了大量有关内战的书籍。而且，她自幼在南部城市亚特兰大成长，深知当地的风土人情，这些都成为米切尔成功创作的源泉。

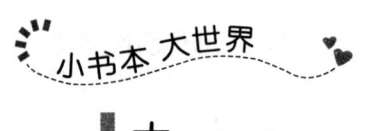

内容概述

　　小说的主人公郝思嘉是美国佐治亚州一位富足且颇有地位的种植园主的女儿，生活幸福、美满。

　　1861年4月，美国南北双方的关系已经非常紧张。16岁的郝思嘉爱上了卫希里，而卫希里却要与玫兰尼订婚。郝思嘉想说服卫希里和她一起私奔，但被卫希里婉言拒绝。在这时她初遇白瑞德。为了挽回自己的面子，任性的郝思嘉在两周之后就成了查理的妻子。两个月后，查理病死在前线，郝思嘉突然变成了寡妇。这时，卫希里也上了前线，受其妻玫兰尼的邀请，郝思嘉来到亚特兰大。环境的改变使郝思嘉的心境稍稍好转。

　　在一次医院举行的募捐舞会上，她又一次见到曾在庄园出现过的白瑞德。现在，白瑞德已成了亚特兰大鼎鼎有名的偷越北方封锁线为南方军队提供物资的商人。就这样，白瑞德将她重新带入她所想要的上层社交圈。

　　1863年圣诞节前夕，卫希里从前线回来，在家休息数日。临行前，他将怀孕的妻子玫兰尼托付给郝思嘉。1864年夏天，北军直逼南方联邦的首府——亚特兰大。许多人家都逃离了亚特兰大。但因玫兰尼即将临盆，郝思嘉只好留下来守在她的身边。8月底的一天夜里，白瑞德用偷来的一辆破马车把郝思嘉和玫兰尼母子送出城，让她们趁夜赶往塔拉庄园。经过一天的颠簸及艰难险阻，她们终于来到了塔拉庄园。虽然经历战火，塔拉庄园的白色楼房却依然完好无损。但庄园却只有老父亲杰拉尔德和一个黑奴管家，整个家庭的重担一下子落到了19岁的郝思嘉肩上。她毅然放下了小姐架子，辛苦地劳作。

　　1865年4月，南方联军投降，战争结束了。卫希里终于活着回来了。第二年春天，新政府命令塔拉庄园限期交纳新附加税，否则就要拍卖庄园来抵税。为了保住庄园，郝思嘉只身前往亚特兰大向白瑞德借钱，但白瑞德却因涉嫌侵吞南方联邦的大笔资金而锒铛入狱。郝思嘉无意中遇见了妹妹苏埃伦的未婚夫弗兰克。弗兰克的经济状况很好。两周后，郝思嘉便与他结了婚。塔拉庄园得救了！白瑞德出狱后，郝思嘉向他借了一笔钱，开始独自经营一个木材厂。战后的南方动荡不安，弗兰克、卫希里等三K党人组织对黑人报复，行动中弗兰克被打死，卫希里受了伤。几个月之后，不顾亲友的劝阻和反对，郝思嘉和白瑞德结了婚。不久，他们的女儿美蓝出生了。在美蓝身上，白瑞德几乎倾注了全部心血，把她当成郝思嘉的缩影。

一天晚上，在木材厂，郝思嘉和卫希里一起回忆起从前，不禁感慨万千，相拥而泣。这件事很快被白瑞德和玫兰尼知道了。几天以后，白瑞德带上美蓝出远门去了。三个月后，他回到家中。1871年圣诞节，州政府的大权终于又回到了南方人的手里。然而，美蓝却在骑马时不幸坠马身亡，夫妇俩异常悲痛。白瑞德更是整日酗酒，对待郝思嘉如同路人。

玫兰尼不听医生的劝告又一次怀孕。怀孕后她的身体状况迅速恶化，最终玫兰尼没有挺过去，去世了。郝思嘉回家希望同白瑞德重新开始生活，但是，白瑞德已经心灰意冷，决定弃家出走，永远地离开郝思嘉。此时此刻，她只有一条出路——回到塔拉庄园。她感到太疲劳了，自言自语地说："还是留给明天去想吧……不管怎么说，明天又是新的一天……"

点评

《飘》是一部经典的爱情小说。

整部小说以女主人公郝思嘉为线索，铺展了一段以战争为背景的关于白瑞德和郝思嘉的爱情故事。全书情节动人，几度悲欢离合，深深打动了读者的心。米切尔以女性特有的细腻和敏锐的洞察力，成功地塑造了郝思嘉这个令人难忘的形象，但也像众多优秀文学作品中的人物一样，她是一个不能单纯用好坏来划分的极人性化的人，她将鲜活地闪亮在每一个读者心中。美国黑人女作家艾丽斯·兰道尔说："《飘》已经成为美国南方的一个神话。"

少年维特之烦恼
——约翰·沃尔夫冈·歌德

相关介绍

约翰·沃尔夫冈·歌德（1749年~1832年），德国伟大的诗人、作家、学者和思想家，既是近代西方精神文明最卓越的代表，也是德国民族文学最杰出的代表。他的创作把德国文学提高到了世界先进水平，并对世界文学的发展作出了巨大的贡献。《少年维特之烦恼》是歌德的代表作，也是作者年轻时代生活的写照。他生于德国法兰克福市。父亲做过当地参议员，母亲是市长的女儿，善于讲故事，这培养了歌德的文学爱好。歌德早年在莱比锡大学学习法律，做过律师，在魏玛公国当过枢密顾问、部长和首相。他一生跨越的两个世纪，正值欧洲社会大动荡、大变革的年代，封建制度日趋崩溃，革命力量不断高涨，这些使歌德受到先进思潮的影响，创作出大量的优秀文学作品，在诗歌、戏剧、散文等方面都取得了较高的成就，主要作品有：中篇小说《少年维特之烦恼》、诗剧《浮士德》、历史剧《葛兹·冯·伯利欣根》、长篇小说《威廉·麦斯特》、叙事诗《赫尔曼与窦绿苔》等。

背景介绍

《少年维特之烦恼》是一部书信体小说，讲述了一个凄婉动人的爱情故事。这部以歌德的亲身经历为素材、在短短的四周之内就创作出来的作品深深震撼了与歌德同时代年轻人的心灵，他们不但模仿作品主人公维特的言谈举止以及衣着服饰，甚至于同样因失恋而轻易结束了自己年轻的生命。为此，歌德不得不在这本书再版时的扉页上题诗说："青年男子谁个不善钟情／妙龄女子谁个不善怀春／这是人性中的至洁至纯／为什么从此中有惨痛飞进／可爱的读者哟，你哭他，你爱他／请从非难之前救起他的声名／请看，他出穴的精灵在向你耳语，／做个堂堂的男子汉，不要步我后尘。"据说，当年横扫欧洲大陆的拿破仑皇帝即便是在烽火连天的征战中也不忘将这本书带在身边，以便随时阅读。由此可见作品地位之高了。

《少年维特之烦恼》于1774年出版，当时整个欧洲正处在从封建制度向资本主义制度迈进的过渡时期。18世纪70年代，德国爆发了声势浩大的"狂飙突进运动"，它是资产阶级启蒙运动的发展，一种狂热的个人主义反抗情绪高涨，反映了资产阶级要求摆脱封建束缚、渴望个性解放的强烈愿望，在文学上的表现就是出现了一批崇尚感情、歌颂自然、反对专制暴政、揭露黑暗社会的作品。《少年维特之烦恼》就是这些作品中的一个，它处处展现着"狂飙突进"的精神。

维特热爱自然，但这个自然不光是大自然，他认为一切成规都会破坏自然。他对一切"不自然"都深恶痛绝，鄙视迂腐的贵族、虚伪的市民以及"被教养坏了的人"；他与矫揉造作的贵族社会和碌碌无为的市民生活格格不入。维特感情丰富，遇事总是那么热情澎湃和冲动，他的爱与恨总是那么鲜明而毫不隐藏。他认为对世上的任何事都不能用"非此即彼"的模式来处理，维特注定要与当时的社会现实处于冲突矛盾之中，为理想的破灭哭泣悲伤，最后愤而自杀，以死来宣告同黑暗社会的决裂。他是整个新兴资产阶级的缩影和代表，同样，反映出了生活在这样一个时代的烦恼、憧憬和苦闷。

内容概述

少年维特出生在一个富有的市民家庭，初春之际，刚刚经历了一场爱情波折之后，他离开家乡，独自居住在一个僻静的地方，他写信给朋友威廉，描绘当地风光，在那儿他逐渐忘却了早先郁闷不乐的生活。维特生长于富裕阶级的家庭，过着自由自在的生活。在一次乡村舞会上，维特邂逅了绿蒂，一个住在城镇郊外、代替母职照顾八位弟妹的法官的

女儿。绿蒂长得非常漂亮迷人,少年维特对她一见倾心,虽然她已经订婚了,可维特对她已经不能自拔。他丝毫不理会别人的告诫,仍对她充满了爱意,并想尽办法吸引她的注意力。然而当绿蒂的未婚夫亚伯特旅行回来后,维特的精神随即陷入委靡状态。威廉写信劝他放弃这种无望的爱情,最后他不得不下决心离开绿蒂和亚伯特。

维特远离了那里,并在某一座公使馆谋得一份书记官的工作。到了严寒的冬天,亚伯特与绿蒂没有通知他人便悄悄地举行了婚礼,这使维特深受打击,更觉得受到侮辱。翌年春天,维特为了治愈所受的创伤,决心回到故乡,回到心上人绿蒂身边去。这对夫妇仍把维特当成老朋友热情接待,绿蒂还依然对他保留着从前那份天真活泼和温柔多情的态度。这一切都加倍刺痛了维特的心。当他感觉到自己和绿蒂之间的爱情无望时,他内心的忧愤使他的言行举止变得非常古怪,而且他开始对人生感到厌倦,并萌生了辞世的念头。

圣诞前夜,维特违背了绿蒂之意,趁亚伯特外出之际,来到绿蒂身边,对着绿蒂朗诵奥希安的诗,同时忘情地拥抱着感动不已的绿蒂。次日,他以外出旅行为由,向亚伯特借手枪并在当日午夜自杀。绿蒂得知消息后当场昏倒在地,亚伯特为照顾她没去参加维特的葬礼,维特就这样孤独地离开了人世和他眷恋的心上人。

点评

我宁肯终生穷困，一辈子睡干草、饮清水、吃树根，也不愿失去体察这位多情善感的作家的心曲的机会。

——舒巴尔特

歌德的文学属于比"民族文学"更高的那一类文学。

——弗里德希·尼采

安娜·卡列尼娜
——列夫·托尔斯泰

▶ 相关介绍

托尔斯泰（1828年~1910年），出身于贵族家庭，是俄国现实主义文学最伟大的代表。他是一位伟大的作家，同时也是欧洲文明史上六位伟大人物之一，甚至还有人认为他是一位伟大的预言家。托尔斯泰的主要创作活动，是在1861年农奴制改革到1905年俄国第一次资产阶级革命期间，这正是俄国社会大变动时期。1863年~1869年，他完成了史诗性的长篇小说

《战争与和平》。1873年~1877年完成了第二部著名长篇小说《安娜·卡列尼娜》。1889年~1899年完成了集中体现他晚年的思想和艺术特征的长篇小说《复活》。

托尔斯泰一生充满着传奇。1910年冬天的一个早晨，82岁的俄国文豪列夫·托尔斯泰突然离家出走，告别了他自己生活了六十多年的庄园，10天以后，他死在了一个偏僻的乡村火车站。这位以《复活》《战争与和平》《安娜·卡列尼娜》等鸿篇巨著享誉世界的著名作家，内心到底有哪些解不开的矛盾？至今仍是一个解不开的谜……

▶ 背景介绍

《安娜·卡列尼娜》从1870年开始构思，直到1873年才动笔。这是作者一生中精神最困顿的时期。最初，托尔斯泰是想写一个上流社会已婚妇女失足的故事。但随着写作的深入，原来的构思不断被修改。小说的初步创作仅用了短短的50天时间便得以完成，但托尔斯泰很不满

意,他又花费了数十倍的时间来不断修正,前后经过12次大改动,直至4年之后才正式出版。从中可知,一部《安娜·卡列尼娜》与其说是写出来的,不如说是改出来的。

正是在作者近乎苛刻的追求中,小说的重心有了巨大的转移,安娜由最初构思中的"失足的女人"(她趣味恶劣、卖弄风情、品行不端),变成了一个品格高雅、敢于追求真正的爱情与幸福的"叛女"形象,成为世界文学中最具反抗精神的女性之一。

内容概述

安娜·卡列尼娜的哥哥奥布朗斯基公爵是个风流人物,虽已经有五个孩子,但仍和英国家庭女教师恋爱,因此和妻子多丽闹翻。安娜从彼得堡乘车到莫斯科,来为哥嫂调解。她在车站认识了青年军官渥伦斯基。渥伦斯基毕业于贵族军官学校,后涉足莫斯科社交界,以其翩翩的风度得到了多丽的妹妹吉提的垂青,但他只与吉提调情,并无意与她结婚。而倾心于渥伦斯基的吉提却拒绝了深爱着她的康斯坦丁·列文的求婚。

渥伦斯基在看到安娜的一刹那,他的心立刻被安娜所俘虏。他在舞会上向安娜大献殷勤。不久渥伦斯基的热情终于唤醒了安娜沉睡已久的爱情。

安娜的丈夫亚历山大·卡列宁虽其貌不扬,但在官场中却是个地位显赫、"完全醉心于功名"的人物。他根本不懂什么是倾心相爱的情感。一天,在回家的路上,安娜向卡列宁坦白了自己的秘密,并提出离婚。卡列宁考虑决斗但又怕死,离婚又损名誉,犹豫再三,最后决定"不能因为一个下贱的女人犯了罪的缘故使自己不幸",于是他要求安娜维持表面的夫妻关系。

而那时安娜已怀了渥伦斯基的孩子,在她分娩时,由于产褥热而感染重病。

卡列宁心里希望妻子早点死掉,安娜在昏迷中呼唤着渥伦斯基的名字,请求丈夫与渥伦斯基和好,卡列宁深受感动。安娜也自觉惭愧,本想自杀,但又没有死。病愈后的安娜和渥伦斯基的爱情更加炽热。渥伦斯基带着安娜离开了彼得堡到国外旅行去了。

旅行了三个月，安娜感到无比的幸福，但这都是她以名誉和孩子为代价换来的。他们返回彼得堡后就遭到了冷遇，旧日的亲戚朋友拒绝与安娜往来，这使她感到屈辱和痛苦。

渥伦斯基对安娜也越来越冷淡，他常常上俱乐部去，把安娜一个人扔在家里。一次争吵之后，渥伦斯基愤然离去，她觉得一切都完了。安娜准备自己坐火车去找他，她想象着渥伦斯基现在正和他母亲及他喜欢的小姐谈心。她回想起这段生活，明白了自己是一个被侮辱、被抛弃的人，她决心"不再忍受折磨"，便倒在疾驰而过的车轮下，含恨离世。

卡列宁参加了安娜的葬礼，带走了安娜的女儿。渥伦斯基因为安娜的死，良心上受到极大的谴责，他志愿参军去塞尔维亚和土耳其作战，只为求得一死。列文和吉提最终走到了一起，在乡下过着平静、幸福的生活。

点评

俄罗斯的伟大的心魂，百年前在大地上散发着光焰的，对于我们的一代，曾经是照耀我们青春时代的精纯的光彩。在19世纪终了时阴霾重重的黄昏中，他是一颗抚慰人间的巨星。

——罗曼·罗兰

这是一部尽善尽美的艺术杰作，现代欧洲文学中没有一部同类的东西可以和它相比。

——陀思妥耶夫斯基

复活
——列夫·托尔斯泰

相关介绍

列夫·托尔斯泰（1828年~1910年），出身于贵族家庭，是俄国现实主义文学最伟大的代表。他是一位伟大的作家，同时也是欧洲文明史上六位伟大人物之一。托尔斯泰的主要创作活动，是在1861年农奴制改革到1905年俄国第一次资产阶级革命期间，这正是俄国社会大变动时期。1863年~1869年，他完成了史诗性的长篇小说《战争与和平》。1873年~1877年完成了第二部著名长篇小说《安娜·卡列尼娜》。1889年~1899年完成了集中体现他晚年的思想和艺术特征的长篇小说《复活》。

托尔斯泰一生充满着传奇。1910年冬天的一个早晨，82岁的俄国文豪列夫·托尔斯泰突然离家出走，最后死在了一个偏僻的乡村火车站里。这位享誉世界的著名作家，内心到底有哪些解不开的矛盾？至今仍是一个解不开的谜……

《复活》成书于1899年，作者动笔之时是在10年之前，小说是以真人真事为基础写成的，但成书后的作品思想与作者要写一部道德教诲小说的初衷相悖。作者改写后的小说，主题的深化和社会化让作品同样吸引人，同样意义深远……

❖ 背景介绍

  《复活》是根据案例"科尼的故事"加工而成的。有一个属于上层社会的年轻人奥尼找到律师科尼,向他提出要与一个叫罗扎莉娅的女犯人结婚。科尼了解到,罗扎莉娅的父亲是一家贵族地主的佃农。父亲死后,女主人收留她当女用人。罗扎莉娅出落得非常漂亮。16岁那年,女主人的侄儿奥尼诱奸了她。而在罗扎莉娅怀孕后奥尼便把她抛弃了,随后她又被女主人赶出家门,由于生活无着落,她被迫沦为妓女。后来,她在妓院里因偷了一位醉酒嫖客的100卢布被送上法庭受审。当年诱骗他的奥尼此时正坐在陪审员席上,他认出这个不幸的妓女原来是自己当年欲望的牺牲品,因此良心受到极大的谴责,最后决定同她结婚以赎罪;女犯人也呈文同意,不幸的是她却因患斑疹伤寒死在监狱的医院里,婚礼未能举行。科尼说,从那以后,奥尼不知去向,很多年之后,他竟在一张副省长的任命书上看到了奥尼的名字。

  这个故事让托尔斯泰极感兴趣,也让他异常激动。但小说的创作却并不顺利,最大的困扰是由于听来的故事尚未完全转变成心灵的感悟,找不到表达思想的、合适的艺术形式。托尔斯泰在小说中把女主人公描写得很无辜,通过法庭对她的不公正审判来揭露司法制度的荒谬,这样就赋予情节以丰富的社会内容,使小说的主题超出了道德和赎罪的范围。这是通往批判现存制度这一宏大主题的第一个阶梯,这个主题后来成了《复活》的主要枢纽。

  1891年初,托尔斯泰突然想把他对俄国社会生活的全面深刻的认识与批判同科尼的故事融汇在一起,写一部大容量的长篇小说。托尔斯泰觉得他原先所反映的只是男女主人公的道德冲突,贵族的道德沦丧,现在应该"从农民的生活写起",站在农民的立场上把人民群众的苦难与仇恨写出来。这样,人物的位置和比重就会发生变化,把描写聂赫留朵夫的忏悔史转到描写玛丝洛娃的身世遭遇上来,而道德忏悔只是一个附属的主题。

  然而,当托尔斯泰兴致勃勃地把全书写成后,却又不禁对自己的作品不满起来。1895年完成的那一稿,结尾是写聂赫留朵夫和玛丝洛娃在监狱教堂结婚,然后一起到西伯利亚;聂赫留朵夫著书立说,反对土地私有制度,同时教附近的儿童读书;沙皇政府认为他的活动危害甚大，准备将他再次流放，他得悉这个消息后，携玛丝洛娃逃到国外，在伦敦住下来继续他的宣传。

但给生活的悲剧安排一个幸福的结局，既不符合生活的真实，也不符合人物性格的逻辑。一个被作践的、吃尽苦头的女人怎么会甘心同作践她、给她带来巨大痛苦的人结婚？一般说来这是不可信的。严格遵循现实主义原则的托尔斯泰很快就认识到了这一点。他认为："整个结尾都得重写。"

结尾难关的攻破，标志着《复活》创作道路上所有的障碍都已被扫除，此后的写作便畅通无阻了。托尔斯泰的创作热情空前高涨起来。他对作品的情节和主题一改再改，小说定稿时卷帙浩繁，而它的初稿只有 15 页 32 开的书写纸！

《复活》的创作，前后长达 11 年，修改达二十余次。尽管 11 年间托尔斯泰并非都在写这部小说，但其艰苦程度仍是可想而知的。1899 年，托尔斯泰除了紧张地校订小说清样外，还专心写作小说的第三部，直到年终才完成了整个创作。

沙俄当权者对《复活》又恨又怕。他们不敢公开禁止这本书的出版，只好在出版审查时将作品内容大加削减。全书 129 章中最后未经删减而发表的只有 25 章。十月革命前，人们从未读到过完整无缺的原著。直到 1933 年出版《托尔斯泰全集》时，读者才第一次完整地读到《复活》的全文。

内容概述

一天，聂赫留朵夫因担任地方法院陪审员到法院去参加一场让人失笑的审判。当天要审判的是一件杀人抢劫案，被控者是一个妓女，她因毒杀客人并偷其黄金与戒指而被捕。当聂赫留朵夫看到被告，并听说她叫玛丝洛娃时，吓了一大跳。因为他曾经在走亲戚时，诱奸了一位美丽而纯洁的女用人，但他却始乱终弃，在玩弄她后，便用金钱将她打发了事。现在，眼前的被告就是那位女用人，她因自暴自弃而沦为妓女。虽然在此案件中她是无辜的，但由于法官心不在焉，反而使她被判了四年徒刑，并将被送至西伯利亚。聂赫留朵夫不禁为自己间接毁灭了一个女人而深觉罪恶，于是下定决心要设法拯救她。

他首先到监狱去请求她的原谅，并请律师及有关人士帮忙，但即便这样仍无法改变刑罚，因此，卡秋莎·玛丝洛娃被送往西伯利亚，而聂赫留朵夫也决定放弃贵族的奢侈生活与她同行。在西伯利亚服刑期间，卡秋莎·玛丝洛娃终于被改判无罪。当聂赫留朵夫带着通知去找她，并想在她恢复自由后与她结婚时，卡秋莎·玛丝洛娃已决定嫁给一位政治犯，同时也是革命家的西蒙松。虽然她的心里仍爱着聂赫留朵夫，但为了他的前途，她还是选择了另一条路。聂赫留朵夫以复杂的心情祝福了卡秋莎·玛丝洛娃。后来，他读了《圣经》，便下定决心按《圣经》里所说的"以无限的爱和宽容"来祝福世人……

点评

列夫·托尔斯泰之所以会受到世界的赞美与热爱，原因可以讲出很多，仅就对文学创作的责任感而言，托尔斯泰本人已经作了最好的回答。他说："艺术家的目的并非以无可辩驳的方式来解决问题，而是要迫使读者去热爱五光十色的生活。斑驳多姿的生活是永不枯竭的。如果有人告诉我，我可以写一部小说，在小说里证明我的社会观念正确，那

么，对这样一部书我是不屑花费两个钟头的；然而，如果人们告诉我，我写的东西是在二十年后为那些今天还是孩子的人们去阅读，他们在阅读时会哭、会笑，并且使他们去热爱人生，那么，我会竭尽有生之年，绞尽脑汁来从事这项工作。"

这大概是为什么托尔斯泰的艺术创作会永垂不朽的根本原因吧。

——赖洪毅

钢铁是怎样炼成的
——奥斯特洛夫斯基

▮ 相关介绍

奥斯特洛夫斯基（1904年~1936年），苏联作家，出生在乌克兰一个贫困的工人家庭。他11岁便开始当童工。1919年加入共青团，随即参加国内战争。1923年~1924年担任乌克兰边境地区共青团的领导工作，1924年加入共产党。由于他长期参加艰苦的斗争，健康受到严重损害。到1927年，健康状况急剧恶化，但他毫不屈服，以惊人的毅力同病魔抗争到底。

1929年，奥斯特洛夫斯基全身瘫痪，双目失明。之后，他用自己的亲身战斗经历做素材，以顽强的意志开始创作长篇小说《钢铁是怎样炼成的》。小说获得了巨大成功，得到众人的称赞，他也从此家喻户晓，一夜成名。1934年，奥斯特洛夫斯基被吸收为苏联作家协会会员。1935年底，苏联政府授予他列宁勋章，以表彰他在文学方面的创造性劳动和卓越的贡献。1936年12月22日，奥斯特洛夫斯基因病离开人世。

▮ 背景介绍

《钢铁是怎样炼成的》是一部自传体小说。主人公保尔·柯察金的原型就是作者本人。该书描写了十月革命后第一代苏维埃青年，在布尔什维克党的领导下，同国内外敌人及各种困难进行顽强斗争，并抗争到底的经历。小说出版后鼓舞了苏联千百万青年，使他们有战胜困难的勇气，保尔精神成为一种时代精神。他的名字被公认为是那个时代共青团的象征。卫国战争时期，战斗在前线的苏维埃青年在保尔·柯察金的精神鼓舞下同法西斯浴血奋战。这本书的出版，给战士们以精神上的支持，是参战者的精神支柱。

内容概述

保尔是一个贫苦工人家的小儿子，从小在苦水中长大。早年丧父，母亲替人洗衣、做饭养家糊口，哥哥是工人。保尔12岁时，母亲把他送到车站食堂当杂役，他在食堂里干了两年活儿，受尽了欺凌和侮辱。

十月革命爆发后，保尔的家乡乌克兰谢别托夫卡镇也和苏联其他地方一样，遭受了外国武装干涉者和国内反动派的践踏。红军解放了谢别托夫卡镇，但他们很快就撤走了，只留下老布尔什维克朱赫莱在镇上做地下工作。朱赫莱在保尔家里住了几天，给保尔讲了许多关于革命、工人阶级和阶级斗争的道理："现在全世界都着火了，奴隶们起义了，他们要把旧世界推翻，但是，要实现这个，需要的是一伙勇敢的、能够坚决斗争的弟兄。"朱赫莱的启发和教育对保尔的思想成长起着决定性的作用。

后来，朱赫莱被白匪军抓去了，保尔急忙四处打听，最终，从匪兵手中救了他。但是由于波兰贵族李斯真斯基的儿子维克多告密，保尔被抓进了监狱。从监狱出来后，保尔不敢回家，便不由自主地来到冬妮亚的花园门前，与冬妮亚再次相遇。保尔在与冬妮亚的交往过程中，慢慢地产生了爱情。保尔为了避难，便答应了冬妮亚的请求，住了下来。几天后，冬妮亚找到了保尔的哥哥阿尔青，由他把保尔送到喀查丁参加了红军。在一次激战中，保尔头部受了重伤，但他以惊人的毅力战胜了死亡。出院后，他便参加恢复和建设国家的工作，以工人阶级主人翁的姿态，紧张地投入到各项艰苦的工作中，他做共青团的工作，并直接参加艰苦的体力劳动。在兴建窄轨铁路时，保尔表现了高度的政治热忱和忘我的劳动精神。

保尔自从在冬妮亚家里与她告别后，只见过她两面。第一次是他伤愈出院后，最后一次是在铁路工地上。保尔发现，随着革命的深入，他们之间的思想差距越来越大了。

在筑路工程快要结束时,保尔得了伤寒。病愈后他又回到了工作岗位。他参加了工业建设和边防战线的斗争,并且入了党。但是,由于保尔在战争中受过多次重伤和暗伤,后来又得过几次重病,加上他忘我的工作和劳动,平时不爱惜自己的身体,身体越来越差。1927年,他几乎完全瘫痪,接着又双目失明。严重的疾病终于把这个满怀革命热情的年轻人束缚在病榻上。就在保尔的肉体和精神都承受着难以想象的痛苦的时候,他重新找到了"归队"的力量。他给自己提出了两项任务:一方面决心帮助自己的妻子达雅进步;另一方面决定开始文学创作。这样,"保尔又拿起了新的武器,开始了新的生活"。

点评

《钢铁是怎样炼成的》问世以来,60年间长盛不衰。究其原因,除了它真实而深刻地描绘了十月革命前后乌克兰地区广阔的生活画卷外,是它塑造了以保尔·柯察金为代表的一代英雄人物的光辉形象。保尔精神成了时代的旗帜。这个形象从诞生之日起便跨出国门,成为世界各地进步青年学习的榜样。

——黄树南

神 曲
——但丁·阿利吉耶里

相关介绍

诗人但丁（1265年~1321年）是欧洲由中世纪过渡到近代资本主义时期的文学巨匠，是意大利文艺复兴的先驱，他的创作给后人留下了许多宝贵的文学财富。

1265年5月，但丁诞生在意大利佛罗伦萨一个小贵族家庭里。他幼年丧母，大约在18岁那年，父亲也离开了人世。即便如此，但丁还是得到了良好的教育。他从小喜欢读诗，曾拜许多著名学者为师，学过拉丁文和古代文学，而且特别崇拜古罗马时期的一位重要诗人维吉尔，并把维吉尔当作自己的精神导师。

青年时期的但丁还积极参加佛罗伦萨的政治活动，担任过公职，还曾经参加过粉碎基白林党的冈巴地战役。1302年，他因为反对教皇及其在佛罗伦萨的追随者干涉城邦内政，被判没收全部家产，并终生放逐。在此后的近20年里，但丁虽然也作过多次努力想重返故里，但都未成功，最终客死他乡。《神曲》是但丁在流亡生活最痛苦的时候创作的，大约在1307年~1321年。这是他长期酝酿和构思的一部巨著，也是他最重要的一部代表作。但丁的作品还有《飨宴》《论俗语》等。

但丁·阿利吉耶里被恩格斯称为"中世纪最后一位诗人，同时又是新时代的最初一位诗人"，在欧洲文学发展史上有着举足轻重的地位。

背景介绍

但丁出身于小贵族家庭，青年时期与邻家少女贝娅特丽丝的爱情对但丁影响颇深。贝娅特丽丝死后甚至成为但丁的精神向导，以天使的面孔再次出现在《神曲》中。1300年，但丁一度担任佛罗伦萨城的执政官，对抗罗马教廷，但不久即被反对党击败，遭受终生流放。但丁的《论俗语》《神曲》即作于流放期间。《神曲》是但丁对敌人、对假恶丑等恶行的诅咒，也是对真善美、虔诚、慈爱等德行的礼赞，表现了欧洲中世纪末期文化的转型和价值标准的变革。

《神曲》的主题是探讨人类罪与赎的问题，人经过了磨砺和苦难，从而达到至真至善的境界。作品并不是抽象的探讨，而是融入了但丁的个人经历和当时意大利的社会现实。但丁虽然生活在中世纪后期，但他是汇集中世纪（包括古希腊）思想之大成的作家。罪与赎是人类面临的最普遍问题。但丁在游历地狱和炼狱的过程中，一路上遇到不少灵魂，这些灵魂生前大多是历史上或同时代的著名人物。

《地狱》篇写的是面临最严重惩罚的罪人，他们除了部分人外，都是罪不可赦的，注定要面对永久的惩罚，直到最后的审判。因此，这一部分写得阴郁恐怖。从中我们可以看出但丁是具有强烈感情的人，他恨人类的罪恶，但同时也可以看出他对人类的爱，如果没有对人类强烈的爱，就不可能有这样强烈的恨。《炼狱》篇的感情色调要明亮一些，写一些罪人通过对自身罪恶的克服，最终净化而得到救赎的过程。《神曲》中最出色的部分是《地狱》篇，但托马斯·卡莱尔、艾略特和博尔赫斯等人都认为《炼狱》篇更出色，这部分也最使人感动。人类的贪婪、妒忌、傲慢等罪行在这里得到了淋漓尽致的展现，而罪人们对自身的净化表现了人类向上的决心。

《天堂》篇则为人类最终的获救提供了美好的前景。《神曲》涉及很多神学和哲学问题，但却不乏诗意。

内容概述

但丁写作《神曲》的准确时间难以确定。据文学史家们考证，大约始于1307年前后，《地狱》《炼狱》完成于1313年前后，《天堂》在但丁逝世前不久完稿,历时十余年。

《神曲》采用中世纪文学特有的幻游形式,但丁以自己为主人公,假想他作为一名活人对冥府——死人的王国进行了游历。全诗分《地狱》《炼狱》《天堂》三部分。

诗中叙述但丁在"人生旅程的中途",即1300年4月7日——但丁35岁那年的复活节时,偶然迷失于一个黑暗的森林。他竭力寻找离开的道路,在黎明时来到一座洒满阳光的小山脚下。他正一步步朝山顶攀登,忽然三只猛兽(分别象征淫欲、强暴、贪婪的豹、狮、狼)迎面扑来。但丁高声呼救。这时,古罗马诗人维吉尔突然出现了,他受贝娅特丽丝的嘱托前来帮助但丁走出迷途,并引导他游历地狱和炼狱。

地狱共分9层,形似一个上宽下窄的漏斗直达地心。罪人的灵魂按生前罪恶的大小被发配到不同的狱层,接受不同的刑罚。其中第一层是候判所,那些生于基督之前,未能接受洗礼的古代异教徒,在这里等候上帝的审判。在其余8层,罪人的灵魂按生前所犯的罪孽(贪色、饕餮、贪婪、愤怒、信奉邪教、强暴、欺诈、背叛),分别接受不同的严酷刑罚。但丁按照基督教的观点,把贪色、贪吃、易怒的人和邪教徒看作是严重的罪犯,让他们在地狱中受苦,但他更把那些社会上各种作恶的人放在地狱的下层,如在第八层里受罪的是淫欲和诱奸者、阿谀者、贪官污吏、买卖圣职者、占卜者、高利贷者、伪君子、盗贼、诱人作恶者、挑拨离间者、诬告害人者、伪造者以及罗马教皇。在第九层受罪的则是叛国卖主的人,而但丁最痛恨的就是这类人。

游历完地狱，维吉尔带着但丁通过地心，顺着盘旋曲折的岩洞小径，走出地球，到了净界山下。这座高山矗立在海面上，是炼狱所在。炼狱（又称净界）共7级，加上净界山和地上乐园，共9层。生前犯有罪过，但程度较轻，已经悔悟的灵魂，按人类7大罪过，即傲慢、嫉妒、愤怒、怠惰、贪财、贪食、贪色，分别在这里修炼净化过，而后一层层升向光明和天堂。途中，但丁看到各种罪恶一一被净化：例如在第二层犯了羡慕他人之罪者，被用铁线缝上双眼；第六层犯了口腹之欲的罪犯，他们眼前会出现许多美食、水果的幻影，然后又趋于消失。在净界山顶的地上乐园，维吉尔隐退，圣女贝娅特丽丝出现。

贝娅特丽丝责备但丁迷失在罪恶的森林，希望但丁忏悔，并让他观看表现教堂种种腐败的幻景，饮用忘川水，遗忘过去的过失，以便获取新生。随后，贝娅特丽丝引导但丁游历天堂九重天。这里是幸福的灵魂的归宿；他们是行善者、虔诚的教士、立功德者、哲学家和神学家、殉教者、正直的君主、修道者、基督以及众天使。在九重天之上的天府居住着上帝和在天国享福的灵魂，但丁得见上帝之面，但上帝的形象如电光一闪，迅即消失，于是幻象和《神曲》也在此同时宣告结束。

点评

封建的中世纪的终结和现代资本主义纪元的开端，是以一位大人物为标志的。这位人物就是意大利人但丁。他是中世纪的最后一位诗人，同时又是新时代的最初一位诗人。

——恩格斯

堂吉诃德
——米盖尔·德·塞万提斯·萨维德拉

▶ 相关介绍

《堂吉诃德》的作者米盖尔·德·塞万提斯·萨维德拉（1547年~1616年）是西班牙伟大的作家、戏剧家和诗人。1547年10月出生于西班牙首都马德里近郊的一个潦倒的外科医生家庭。塞万提斯从小跟随父亲过着动荡不安、流离失所的生活，他只上过中学。虽然学习机会不多，但他非常喜欢读书，利用一切机会饱览古今文学巨著。1570年，他进入西班牙驻意军队中服役。参加了多次战斗，直至1575年才乘船回国。在归

途中，他被阿尔及尔人劫持，成了奴隶。被囚禁5年的塞万提斯在1580年被赎回国，但生活却了无着落，到处流浪。1587年他定居塞维利亚，曾先后任粮食征收员和税收员。在这期间他曾两次遭受冤屈被捕入狱。塞万提斯于1616年4月23日去世，他的一生虽经历无数痛苦磨难，但却始终坚强不屈。

塞万提斯在1577年开始文学创作，他的各种不同形式的作品从不同角度深刻地反映了16世纪末西班牙王国走向衰落的社会现实，塑造了上至王公贵族下至流氓妓女的各阶层人物形象，揭露了西班牙封建制度的黑暗，宣扬了人文主义思想。著名长篇小说《堂吉诃德》是塞万提斯的代表作。这部小说深刻地揭露了16世纪末到17世纪初正在走向衰落的西班牙王国的各种矛盾，谴责了贵族阶级的荒淫腐朽，在反映现实的深度、广度上，在塑造人物的典型性上，都迈上了一个新的台阶。塞万提斯的作品曾受到许多著名作家和评论家的高度赞誉，在世界各国翻译出版了一千多次，成为各国读者普遍熟悉和喜爱的世界文学名著。

小书本 大世界

▶ 背景介绍

塞万提斯曾说过，他创作《堂吉诃德》的目的，就是要消除骑士小说在社会上、在群众之间的声望和影响。《堂吉诃德》发表后，骑士小说的确在西班牙销声匿迹了。作者对堂吉诃德进行风趣讽刺的同时，还对他赋予了深切的同情，并通过堂吉诃德的个人遭遇，来表达作者的人文主义思想和西班牙黑暗现实之间的矛盾。从这种意义上看，这个人物又具有了深刻的悲剧性。堂吉诃德的名字已为世人所熟知，并已经成为空想虚幻、异想天开、主观主义的代名词。

内容概述

这部小说讲述的是一位名叫吉哈达的破落乡绅受骑士小说的毒害，仿照骑士的做法，拼凑了一副旧盔甲，骑上一匹瘦马，并为自己取名为堂吉诃德骑士，还物色了邻村一个养猪姑娘为自己的意中人，暗中给她取了个贵族名字——杜尔西内娅，决心为她效劳终身。

堂吉诃德先后三次出门游历。第一次，他单枪匹马，来到一座他认为是城堡的客店，哀求城堡长官封他为骑士。在客店，他与几个骡夫发生械斗后被客店主封为骑士。他离开城堡后，看见一个牧童被人绑在树上鞭打，他便冲上去解救。当他自以为救了孩子，得意地扬鞭离去后，小孩又被主人打得死去活来。之后，堂吉诃德遇见6个商人，他以为他们是一伙骑士，便与之比试高低，结果被打得遍体鳞伤，被人送回乡里。他在家中仍不听任何人的劝告，找了同村的贫苦农民桑丘·潘沙做侍从，再次与他外出行侠。

这次堂吉诃德把田野上的风车当作无法无天的巨人，不听桑丘的劝告便持矛跃马冲了上去，结果被旋转的风车掀翻在地，狼狈不堪。他又把赶路的贵妇人当成被魔法师劫走的公主，把羊群当作两支对峙的军队，把理发师的铜盆当成魔法师的头盔，把皮囊当作巨人，干了一桩桩荒唐可笑的事。村上的神父和理发师设计将堂吉诃德骗进笼子，送回家中休息。堂吉诃德的身体渐渐恢复，但仍是那么疯疯癫癫。为了医治堂吉诃德的疯病，卡拉斯科学士与神父等人设下计谋，同意让堂吉诃德再次以骑士身份出门行侠。

堂吉诃德和桑丘第三次出游,堂吉诃德经历了一次次离奇的冒险:向狮子挑战;参加卡马乔的婚礼;进入神秘的蒙特西诺斯深洞冒险;主仆二人受到公爵夫妇的嘲弄……最后,堂吉诃德遇上了扮成白月骑士的卡拉斯科学士,被他打败,他遵照誓约回家休养。堂吉诃德回到家中便卧床不起,临终前他从自己古怪的幻想中走出来,痛斥骑士小说的危害,并嘱咐他的外甥女不许嫁给骑士,否则得不到任何遗产。堂吉诃德口述完遗嘱之后便离开了人世。

点评

　　我感到《堂吉诃德》与《哈姆雷特》的同时出现是值得注意的。我觉得,这两个典型体现着人类天性中的两个根本对立的特性,就是人类天性赖以旋转的轴的两极。我觉得,所有的人都或多或少地属于这两个典型中的一个,我们几乎每一个或者接近堂吉诃德,或者接近哈姆雷特。

——屠格涅夫

泰戈尔诗选
——泰戈尔

◆ 相关介绍

泰戈尔（1861年~1941年），印度著名诗人、作家和社会活动家，是东方第一个获得诺贝尔文学奖的作家。1861年5月7日，泰戈尔出生于加尔各答市一个富有哲学和文学艺术修养的家庭，他13岁即能创作长诗。1878年赴英国留学，1880年回国专门从事文学活动。1884年~1911年担任梵社秘书。20世纪20年代创办国际大学。1941年创作控诉英国殖民统治和相信祖国必将获得独立解放的著名遗言《文明的危机》。

泰戈尔是具有世界影响的作家之一。他多才多艺，作品丰富，一生共写了五十多部诗集，被称为"诗圣"。他创作了12部中长篇小说，一百多篇短篇小说，二十多部剧本及大量文学、哲学、政治论著，并创作了一千五百多幅画，谱写了大量歌曲，文、史、哲、艺、政、经等范畴几乎无所不包，无所不精。他的作品反映了印度人民在帝国主义和封建种姓制度压迫下要求改变命运的强烈愿望，描写了他们不屈不挠的反抗斗争，既充满了鲜明的爱国主义和民主主义精神，又富有民族风格和特色，具有很高的艺术价值，深受人民群众的喜爱。

其重要诗作有诗集《故事诗集》（1900年）、《吉檀迦利》（1910年）、《新月集》（1913年）、《飞鸟集》（1916年）、《边缘集》（1938年）、《生辰集》（1941年）；重要小说有短篇《还债》（1891年）、《弃绝》（1893年）、《素芭》《1893年）、《人是活着，还是死了？》（1892

年)、《摩诃摩耶》(1892年)、《太阳与乌云》(1894年),中篇《四个人》(1916年),长篇《沉船》(1906年)、《戈拉》(1910年)、《家庭与世界》(1916年)、《两姐妹》(1932年);重要剧作有《顽固堡垒》(1911年)、《摩吉多塔拉》(1925年)、《红夹竹桃》(1926年);重要散文有《死亡的贸易》(1881年)、《中国的谈话》(1924年)、《俄罗斯书简》(1931年)等。1915年,他的作品被介绍到中国,《泰戈尔作品集》现已出版了10卷本。

背景介绍

泰戈尔出生于西孟加拉邦加尔各答市一个生活富足的名门望族。他自幼受到了良好的印式和英式双重教育,而诗又是印度人日常生活的一部分,他用孟加拉文字写出的诗文素朴而美丽,于1913年获诺贝尔文学奖,被誉为"孟加拉的雪莱",他是近代东方作家的第一人。不拒绝生命,而能说出生命之本身,这就是人们爱他的原因。

泰戈尔的成功既得益于其自身非凡的艺术才华,也得益于众多艺术名家的督促与引荐。1910年,泰戈尔发表了孟加拉语诗集《吉檀迦利》,这是一本充满自然景观细节描述的诗集。1912年,泰戈尔访问了美国和英国。那一年,在罗森斯坦的帮助下,印度社团发表了泰戈尔译诗的自编版《奉献集》。在读者和诸多艺术同行们的大力宣扬和支持下,泰戈尔于1913年顺利获得诺贝尔文学奖。此后,其他各种荣誉也接踵而来。

1915年,英国殖民政府授予他爵士称号。但泰戈尔并未因此而满足,他的一生都在力图使他的作品成为沟通东西方文化交流的桥梁,为东西方文化交流尤其是让西方世界了解东方作出了巨大的贡献。

泰戈尔是中国人民熟悉的一位外国作家。1924年,他曾来中国访问,历时50天,差不多走遍了大半个中国。他广泛接触了社会各界,从末代皇帝溥仪到社会名流沈钧儒、梁启超、梅兰芳以及清华大学的学生。泰戈尔的作品在中国拥有广泛的读者,早在1915年,他的作品就被介绍到中国,他的作品影响了中国现代文学史上许多作家的创作,如郭沫若、郑振铎、冰心、徐志摩等。

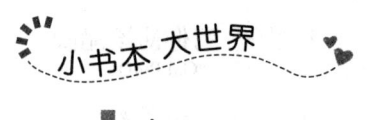

内容概述

在泰戈尔的作品中,早期的故事诗大多来源于宗教传说和民间故事。宗教传说包括佛教、印度教、锡克教的故事等,作者对这些故事进行了艺术加工和再创造。《两亩地》是泰戈尔在西莱达农村时创作的故事诗。《两亩地》全诗共 6 节 72 行,记述一个王爷为了使自己的花园"长宽相等,四四方方",强行夺去农民巫宾仅有的两亩土地。巫宾虽然去法庭上诉,但是法庭和王爷同流合污,法庭判决把巫宾扫地出门。他在外漂泊了 16 个春秋,但始终忘不了那两亩土地。有一天,他又回到家乡,坐在自己曾经耕种过的土地上,当他从地上拾得两个因熟透了而掉下的芒果时,却被王爷诬蔑为盗贼。这个故事,深刻地揭露了封建地主勾结法庭残酷剥削、压迫农民的罪行,作者对贫苦农民的不幸遭遇表示了深切的同情。

《吉檀迦利》是泰戈尔最著名的一部诗集,共收诗 103 首。"吉檀迦利"是"献诗"的意思,即献给神的诗,这部诗集的内容与现实是紧密结合的,表达了诗人对人生理想的探索和追求。诗歌中一再出现的神,往往是同被压迫者和劳动群众联系在一起的,一同感受欢乐与痛苦。《吉檀迦利》中也有对大自然的精彩描绘,在诗人心目中,大自然的美景与神拥有同样崇高的地位。

除《吉檀迦利》外,《园丁集》共收诗 85 首,是关于爱情和人生的抒情诗,表现了诗人对人生道路的探索和追求,反映他寻求出路而不得的复杂、痛苦心情。《新月集》共收诗 37 首,主要是描写和歌颂儿童的,充分体现了诗人对儿童深厚的爱,以及对理想世界的追求和向往;其中有的是表现儿童的纯真和可爱,有的是颂扬伟大的母爱。

《飞鸟集》共收录短诗 325 首,诗人把这些小诗比作漂泊者的人生历程,如同飞鸟长途跋涉时留下的足迹,从而表达了他的人生体验和感受。

《生辰集》中的第十首被认为是泰戈尔一生创作的纪念碑,泰戈尔在这首诗中提出的中心问题是诗人与劳动人民的关系。他以此为标准,总结评价了自己一生的创作。

点评

泰戈尔的诗歌，多是采用民歌的形式，语言美丽朴素，音乐性也强，深得印度人民的喜爱。

——冰心

包法利夫人
——福楼拜

相关介绍

福楼拜（1821年~1880年），19世纪法国批判现实主义作家、著名小说家，生于世代为医的家庭，学过法律。他一直在家乡卢昂从事创作。

福楼拜生活在七月王朝和第二帝国时期，即法国资本主义社会由上升逐渐转向腐朽的阶段。他对资本主义社会的丑恶现实感到憎恨和失望，在作品中对此进行了毫不留情的揭露，但也流露出他的悲观情绪。《包法利夫人》是福楼拜用了将近5年的时间于1856年完成的。这部作品开创了法国文学史上的一个新纪元，也成为他的代表作。

福楼拜继承了现实主义的传统，以刻画人物的精神状态细致入微和毫不留情而著称，他在剖析人物和现实的同时，力求不流露自己的感情。福楼拜还是法国文学的语言巨匠，他的文字被看作法语的典范。他主张"用几句话就把一个人或一件事表现得特点分明"。为了锤炼语句，他总是苦心推敲，以达到洗练、贴切。

背景介绍

揭露资产阶级的黑暗统治是福楼拜创作的基本主题，他的作品大都具有现实主义的艺术特点。《包法利夫人》的副题是"外省风俗"，小说描写的是外省一个富裕农民的独生女爱玛悲剧的一生，控诉了恶浊鄙俗的社会。爱玛本是一个纯洁的小资产阶级女性，但修道院的禁欲生活和浪漫小说培养了她的不安于现状以及耽于幻想、脱离实际的性格。等她走进社会后，单调闭塞的外省环境和缺乏精神生活的家庭不能满足她感情生活中的需要，而淫靡享乐的社会风气进一步腐蚀了她的心灵，使她最终走上堕落的道路。小说通过爱玛的悲剧，既控诉了资本主义社会金钱关系的罪恶，又有力地揭露了资本主义社会精神生活的空虚和堕落。

《包法利夫人》是凝结福楼拜将近5年时间的呕心沥血之作，他斟酌推敲，于1856年完成这部让世人倍加称赞的小说。小说初稿没有章节，在出版时，为了便于阅读，作者作了分章安排。小说发表后，在法国文坛引起了巨大轰动。但却被当局指控为败坏道德、诋毁宗教之作，要求对福楼拜进行"从严处办"。幸亏极有声望的律师塞莱的辩护，才使他免受处分。而正是当年这部被认为败坏风气的祸书，今天成为广为流传的世界文学名著。

内容概述

1837年的一个夜晚，田庄主人卢欧老爹摔伤了腿，查理·包法利医生到乡间去为他进行急诊。卢欧老爹的女儿爱玛长得十分秀丽，包法利医生不由得心生爱慕，此后便不时去看她。包法利的妻子对包法利管束甚严，知道此事以后，醋性大发，心情郁闷，不久便去世了。包法利随即向爱玛求婚，这时的卢欧老爹已濒于破产，只得把女儿嫁给不要嫁妆的包法利医生。

婚后的爱玛对婚姻生活大失所望。她是在修道院里接受的教育，因不满修道院枯燥、阴暗的生活，偷读了不少描写浪漫爱情的作品，时常憧憬富有刺激性的爱情生活。谈吐平淡、见解庸俗、毫无雄心的包法利打破了爱玛的爱情幻想，使她处于极度的苦闷之中。9月末的一天，附近有个侯爵邀请包法利夫妇参加舞会。舞会的奢华和放纵让爱玛着迷，她一直跳到凌晨才恋恋不舍地回到家里。舞会上的情形在爱玛心中久久挥之不去，她时常以回忆这次舞会作为消遣，这样一来她就更加不能容忍百无聊赖的生活了。她的脾气日益乖戾任性，抱怨当地气候不好，一个劲地催促丈夫搬家。

包法利终于从道特搬到了永镇。爱玛遇到了一个叫赖昂的青年实习生，两人一见如故，谈了不少有共同兴趣的话题。此后，他们经常见面，逐渐熟识起来。赖昂对爱玛表露了爱意，但因为年轻而行动不免畏缩，爱玛也不敢有越轨行为。为解除心中烦闷，爱玛开始关心家务，并按时去教堂忏悔，但反应迟钝的神甫却令她心情更加烦躁。而赖昂为了摆脱痛苦，离开永镇到巴黎求学去了。

　　时光荏苒，生活愈加沉闷。一天，附近庄园的一个地主罗道耳弗来包法利家看病，觉得爱玛长得标致，又发现包法利很愚蠢，便想勾引爱玛。恰好永镇举办农展会，罗道耳弗便带着爱玛去参加。两人在会上谈情说爱，罗道耳弗用一番花言巧语很快俘获了爱玛的心。深谙风月之道的罗道耳弗过了6个星期以后才又露面。果然，爱玛顺从地成了他的情妇。两人频频幽会，爱玛的感情已经狂热，要罗道耳弗带她私奔。然而，罗道耳弗不过是逢场作戏，他已厌倦了爱玛的身体，决定去卢昂另找一个情妇，他给爱玛留下了一封信后便不辞而别。爱玛遭此打击大病了一场，病好后，她想痛改前非，开始重新生活。

　　包法利为了让爱玛散心，带她到卢昂去看戏，凑巧在剧场遇上赖昂。分别了三年的赖昂已经十分老练，他决心不再放过这次良机，两人终圆旧梦。回到永镇后，为了同赖昂相会，爱玛以学钢琴为由，每星期都去卢昂一次，两人沉湎于淫乐之中。为此，她从服装商人勒内那里赊购了大量服饰，债务越积越多。狡猾的勒内有一天发现了爱玛的秘密，上门逼债，要她用房产清偿，爱玛不得已只好同意。但卖房子的钱也很快用光了，她不断借债，不断典卖，把家产挥霍一空。勒内上门逼债未果，就告到法院，把包法利家的东西全部扣留起来。

　　陷入困境的爱玛向赖昂求助，但赖昂却用谎言稳住她，然后便消失得无影无踪。她想到了罗道耳弗，以为他念及旧情可能会帮她一把。二人见面重叙旧情，但当爱玛提出要借3 000法郎的时候，跪拜在她膝下的罗道耳弗却冷冷地站了起来，很镇静地告诉她说没有钱。从罗道耳弗家出来的爱玛，觉得天旋地转，万念俱灰。她一路跑到药剂师的家里，打开储藏室，抓了一把砒霜便吞了下去。

　　爱玛在痛苦的挣扎中离开了人世。包法利非常伤心，为清偿债务，他变卖了全部家产。在经历了过多的打击之后，这个可怜的老实人也痛苦地离开了人世。

点评

以《包法利夫人》为典型的自然主义小说的首要特征，是准确复制生活，排除任何故事性成分。作品的结构仅在于选择场景以及某种和谐的展开程序……最终是小说家杀死主人公，如果他只接受普通生活的平常进程。

——左拉

司汤达深刻、巴尔扎克伟大，但是福楼拜完美。

——李健吾

敬 启

　　本书的编选参阅了一些报刊和著作,由于多种原因我们未能与部分入选文章作者(或译者)取得联系,在此深表歉意。敬请原作者(或译者)见到本书后,及时与我们联系,我们将按国家有关规定支付稿酬并赠送样书。

联系方式

地　　址：黑龙江省哈尔滨市香坊区汉水路110号

邮　　编：150090

联系人：吴晶

电　　话：0451-55174988

编委会